COLLECTION

DE

DOCUMENTS INÉDITS

SUR L'HISTOIRE DE FRANCE

PUBLIÉS PAR LES SOINS

DU MINISTRE DE L'INSTRUCTION PUBLIQUE.

MÉLANGES HISTORIQUES.

DOCUMENTS HISTORIQUES

INÉDITS

TIRÉS DES COLLECTIONS MANUSCRITES

DE LA BIBLIOTHÈQUE NATIONALE

ET DES ARCHIVES

OU DES BIBLIOTHÈQUES DES DÉPARTEMENTS.

TABLES CHRONOLOGIQUE ET ALPHABÉTIQUE

DES QUATRE VOLUMES PUBLIÉS DE 1841 À 1848.

PARIS.

IMPRIMERIE NATIONALE.

M DCCC LXXIV.

TABLE CHRONOLOGIQUE

DES

TEXTES PUBLIÉS DANS LES QUATRE VOLUMES

DES DOCUMENTS HISTORIQUES INÉDITS OU MÉLANGES.

N. B. Les tomes II et IV ayant deux paginations, celles-ci sont distinguées, dans la présente table, par les lettres A et B.

Années.

706. Mars 12. — Diplôme du roi Childebert par lequel il donne la ville de Solesme à l'abbaye de Saint-Denis, III, 397.

784. Janvier 6. — Don fait par le prêtre Bernier à Raynaldus de quelques fonds et héritages situés dans la viguerie de Mesles et dans le village appelé *Tilliolum*, III, 401.

784 ou 785. — Capitulaire de Charlemagne, contenant ses instructions à ses envoyés vers le pape Adrien Ier, I, 474.

790. Juin. — Vente faite à un prêtre, nommé Bernier, par Aimeri et par Landri, d'un morceau de terre situé en Poitou, I, 403.

801. Février 8. — Vente faite par Maure et son fils Audemar à Castellan, abbé du Vallespir, d'un terrain situé au territoire de Pasar en Roussillon, III, 405.

Vers 810 (?). — Précepte de Charlemagne en faveur du monastère de Gerri, diocèse d'Urgel, III, 408.

814. Février 1. — Notice d'un jugement des *Missi dominici* de Louis le Débonnaire, sur le différend élevé, pour la possession d'une église et de quelques terres, entre Walaradus d'une part, Witgerius et Winigisus de l'autre, III, 413.

814. Juin 20. — Diplôme de Frédol, comte de Pailhas, en faveur du monastère de Gerri, III, 409.

TABLE CHRONOLOGIQUE

Années.	
815. Juin 20.	Notice d'un plaid tenu par Godilus, commissaire de Bernard, comte de Poitou, au sujet d'un serf muni de fausses lettres d'affranchissement, III, 415.
827 (?). Juin 24.	Diplôme par lequel Pépin Ier, roi d'Aquitaine, confirme un traité pour la restauration de la discipline régulière dans l'abbaye de Nouaillé, III, 417.
830. Avril.	Vente faite par Ysengarde et son fils Aimeri à Guinemar, d'un domaine situé dans la viguerie de Mesle, III, 419.
832. Septembre.	Échange de plusieurs terres situées dans le village de Cusnégo, entre l'abbé de Nouaillé et Émenon, III, 421.
833.	Contrat de mariage d'Ildebert avec Gontrade, à laquelle il donne une dot, III, 424.
836. Mai.	Vente faite par Monfredus à Hugues, d'un curtil situé au-dessous des murailles de Vienne, III, 427.
837. Décembre 25.	Précepte de Pépin, roi d'Aquitaine, portant confirmation des possessions de l'évêché d'Angers, III, 425.
886.	Charte par laquelle Boson fait une donation à l'évêché de Maurienne, III, 428.
895. Mai 20.	Charte par laquelle Fulrade donne au monastère de Saint-Martin de Tours un aleu situé en Touraine, I, 475.
899.	Extraits du récit de l'élection de Raganfridus à l'archevêché de Vienne, I, 287.
Même année.	Charte par laquelle Frotfade, abbé de la Celle-Saint-Séverin, donne à cens, à une femme nommée Aldasende, et à son fils Richard, une aire à battre les grains, I, 477.
xe siècle.	Passion de N. S. Jésus-Christ, en langue romane et en vers.— Passion de saint Léger, en langue romane et en vers, IV, B, 411.
909. Juin 1.	Charte par laquelle Robert, abbé de Saint-Martin de Tours, concède, à charge de cens, à Gontbert, l'usufruit viager de terres qu'il avait données audit monastère, I, 478.
Entre 936 et 963.	Charte d'Aldegarde pour le couvent de Saint-Maixent, I, 482.
955.	Charte d'Alboin, évêque de Poitiers et abbé du monastère de Nouaillé, pour Bernier, chanoine de Saint-Pierre, I, 481.
Entre 956 et 972.	Charte de Walter pour l'église de Saint-Maximin de Micy ou Saint-Mesmin, III, 430.
974. Mai.	Charte par laquelle Drogon vend à Ramnulfe, abbé de Saint-Maixent, une partie d'une vigne située dans la viguerie de Sauves, I, 483.
Vers 994. Sept. 14.	Charte par laquelle Sancius Bergonius et Asimarius Elsi concèdent à Sanche Guillaume, comte de Poitiers, tous leurs droits sur le monastère de Saint-Sever, I, 486.

Années.	
xᵉ ou xiᵉ siècle.	Contrat de vente faite par Gulfrade à Gérard et à Richard, diacre de la congrégation de Saint-Pierre, de son aleu situé en Poitou, II, B, 44.
Vers 1036.	1. Donation faite à l'abbaye d'Uzerche, par Gui, vicomte de Limoges, et Geoffroi son frère. — 2, 3, 4. Notices de divers autres actes concernant la même abbaye, III, 433.
1052.	Cession faite par Anselme, en faveur du monastère de Saint-Maixent, I, 487.
1060.	Le chevalier Hugues, coupable d'un meurtre, cède son fief patrimonial au couvent de Saint-Maixent, I, 489.
Entre 1062 et 1089.	Richer, archiprêtre de Sens, confirme à perpétuité, au chapitre de Provins, les libertés que son prédécesseur avait déjà accordées audit chapitre, I, 490.
1066. Avril 8.	Privilége du pape Alexandre II en faveur de la collégiale de Saint-Pierre, à Lille, III, 439.
1068.	Charte d'Humbaud d'Ury pour les moines de la Chapelaude, I, 492.
1075.	Extrait d'une charte par laquelle Raoul, prince de Déols, déclare que tout homme attaqué du *mal* ou *feu Saint-Silvain*, et exposé sous le porche de Saint-Silvain de Levroux, deviendra serf de cette église, lui et sa postérité, I, 220.
1076.	Diplôme par lequel Robert le Frison confirme les possessions de l'église Saint-Amé de Douai, III, 441.
Entre 1076 et 1087.	Charte par laquelle Geoffroi I ou Guillaume VI, duc d'Aquitaine, après avoir accordé le bourg situé par delà le Clain aux religieux de Montier-Neuf de Poitiers, dispose que les colporteurs (*cursores*) habitant dans la ville payeront la redevance (*consuetudinem*) due auxdits religieux, soit à Poitiers, soit audit bourg, II, B, 1.
1077 ou 1078.	Notice d'un plaid entre Pierre Samuel et Hubert, abbé de Nouaillé, I, 484.
1079.	Charte de fondation de l'abbaye d'Anchin, III, 447.
1080.	Charte de Geoffroi I ou Guillaume VI, duc d'Aquitaine, pour le monastère de Montier-Neuf, I, 494.
1085.	Charte de Rainauld pour l'abbaye de Saint-Maixent, I, 496.
Entre 1097 et 1108.	Humbaud d'Ury restitue aux moines et aux habitants de la Chapelaude tout ce qu'il leur avait enlevé injustement, I, 497.
xiiᵉ siècle.	Catalogue des ouvrages composant la bibliothèque de l'abbaye de Saint-Victor, à Marseille, I, 657.
1100-1107.	Jugement par l'eau bouillante, II, B, 171.
1106.	Charte d'Étienne de Magnac pour le Montier-Neuf de Poitiers, II, B, 3.

TABLE CHRONOLOGIQUE

Années.	
1107.	Charte de Guillaume VII, duc d'Aquitaine, pour les moines du Montier-Neuf de Poitiers, II, B, 7.
1107. Juillet 3.	Charte de la comtesse Adèle, fille de Guillaume, roi d'Angleterre, pour le monastère de Sainte-Foy de Coulommiers, II, B, 5.
Vers 1113.	Franchises de la ville de Prades (Aveyron), II, A, 10.
1116. Décembre 3.	Diplôme d'Henri V, empereur d'Allemagne, confirmant au monastère de Saint-Arnoul (de Metz) la possession de ses biens et priviléges, II, B, 8.
1129.	Charte de Guillaume VIII, comte de Poitiers et duc d'Aquitaine, pour les moines du Montier-Neuf, II, B, 12.
1130.	Charte de donation de Guillaume VIII à l'église Saint-Hilaire de la Celle, II, B, 13.
1132.	Charte de Louis VI, roi de France, octroyant aux pauvres de Dreux la faculté de moudre gratuitement dans tous ses moulins, IV, B, 302.
Même année.	Charte de Thibauld, comte de Blois, confirmant la charte octroyée par sa mère au monastère de Sainte-Foy, II, B, 14.
1134.	Duel judiciaire à propos d'un débat entre Pierre Erex et l'abbesse de Sainte-Marie de Saintes, II, B, 172.
1137.	Chronique latine depuis l'origine des Francs jusqu'à l'année 1137, II, B, 17.
1139.	Charte de donation de Louis VII en faveur des Templiers, II, B, 24.
1140-1144.	Franchises de la ville de Saint-Antonin (Aveyron), II, A, 12.
1144.	Charte de Hugues Bruno en faveur de l'église de Saint-Pierre de Poitiers, II, B, 27.
1145-1153.	Charte d'Eble de Mauléon, pour les moines de Vendôme, II, B, 26.
1148-1162.	Charte de Pierre, abbé de la Celle, par laquelle il concède une terre, dans le bois de Saint-Médard, à une dame Hersande, à charge de régir cette terre sa vie durant, II, B, 30.
1152.	Charte de Henri, comte de Troyes, confirmant les donations de ses prédécesseurs au monastère de Sainte-Foy, II, B, 32.
Même année.	Charte d'Aliénor, duchesse d'Aquitaine, confirmant les donations et concessions faites à l'église Saint Jean de Montier-Neuf, II, B, 34.
1154.	Charte de Henri, comte de Troyes, confirmant les priviléges du monastère de la Celle, II, B, 35.
1163. Novembre 18.	Priviléges accordés par Raimond, duc de Toulouse, à l'abbaye de Leoncel, I, 648 et 649.

Années.	
1172.	Charte de Henri, comte de Troyes, accordant diverses franchises à tous les hommes d'Avize (Marne), II, B, 39.
1174.	Charte de Henri, comte de Troyes, pour l'église Sainte-Foy de Coulommiers, II, B, 40.
1182.	Notice d'un acte d'Aimeric Meintralen, en faveur d'Aimeric abbé de Saint-Maixent, II, B, 41.
1187. Avril 11.	Priviléges accordés à la ville de Millau (Aveyron) par Alfonse, roi d'Aragon. — Coutumes de la même ville. — Serment des consuls de la même ville, II, A, 21, 24, 27.
1189.	Charte de Marie, comtesse de Troyes, pour l'église de Sainte-Foy de Coulommiers, II, B, 42.
1189. Novembre 12.	Lettres par lesquelles Richard Cœur-de-Lion, roi d'Angleterre, exempte de tout droit le passage du pont à construire à Agen, I, 499.
1198.	Bulle par laquelle le pape Innocent III confirme à l'abbaye du Paraclet ses possessions et ses priviléges, I, 13.
Même année.	Charte de Milon, comte de Bar-sur-Seine, concédant la mainmorte aux hommes de cette ville, II, B, 43.
XIIIᵉ siècle.	Extrait de la charte de commune de Bouglon, I, 330.
XIIIᵉ et XIVᵉ siècle.	Droits de péage dus à l'évêque de Noyon, III, 468.
1201.	Confirmation des priviléges du bourg de Rodez, par Guillaume, comte de Rodez, II, A, 35.
1213. Avril 15.	Lettre de Jean-sans-Terre, par laquelle il affranchit les habitants de Bordeaux de tout péage pour le transport de leurs vins, II, B, 45.
1216.	Lettres de Simon, seigneur de Joinville, pour la maison de Clairvaux, I, 618.
1218. Avril 12.	Priviléges accordés à la cité de Rodez par l'évêque Pierre Henri de la Treille, III, 12.
1222. Août 11.	Association entre la commune d'Agen et celle du Mas, I, 500.
1223. Août.	Lettres par lesquelles Louis VIII ordonne que la cité de Reims contribue aux dépenses du couronnement supportées par l'archevêque, I, 361.
1224. Décembre 15.	Association entre la commune d'Agen et plusieurs autres lieux du comté d'Agenais, I, 502.
1226. Juillet 12.	Lettre de Thibault, comte de Champagne, accordant à Simon de Joinville l'hérédité de la sénéchaussée de Champagne, I, 618.
1226. Décembre	Lettre de Louis IX à la ville de Béziers, pour lui demander foi et hommage, III, 451.
1227. Octobre 20.	Charte de Henri III d'Angleterre fixant un terme au payement de la maltôte pour les habitants de Bordeaux et de Bayonne, II, B, 46.

TABLE CHRONOLOGIQUE

Années.		
1229. Mars.		Charte par laquelle Thibault, comte de Champagne, confirme à l'abbaye du Paraclet la possession de divers droits concédés par Phil. Pollet, I, 7.
1231. Août.		Extrait de l'accord fait entre Milon, seigneur de Noviers, et l'abbé de Saint-Remi de Reims, relativement à leurs droits respectifs sur Louvemont, I, 360.
1232.		Lettres par lesquelles le doyen du chapitre de Saint-Remi de Reims déclare que le sceau du couvent sera remplacé, I, 357.
1232. Mars.		Lettres d'apposition du nouveau sceau de Thibault de Champagne aux lettres du 12 juillet 1226, I, 619.
1233.		Enquête faite au sujet du droit de gîte que Thibault de Champagne prétendait avoir dans le bourg d'Avenay, I, 370.
1238. Mai 28.		Coutumes accordées à la ville de Saint-Afrique par Raymond VII, comte de Toulouse, III, 24.
1239. Décembre.		Association entre la commune d'Agen et plusieurs autres lieux du comté d'Agenais, I, 504.
1240. Octobre.		Lettre de la reine Blanche congratulant la ville de Béziers qui a rendu foi et hommage au roi, III, 452.
1242. Juin 17.		Lettres du roi Henri III d'Angleterre, par lesquelles il reconnaît que les bourgeois de Bordeaux sont exempts de tout service hors de la seigneurie et du diocèse de ce nom, II, B, 47.
1244.		Priviléges accordés à la ville de Rodez par l'évêque Bertrand, III, 13.
1244. Juin 30.		Charte du roi Henri III d'Angleterre, par laquelle il reconnaît que les bourgeois de Bordeaux sont exempts de le suivre à la guerre hors du diocèse, II, B, 48.
1245. Mai 13.		Charte par laquelle l'évêque, le sénéchal d'Agenais et les consuls de la ville d'Agen règlent la manière dont les dépenses doivent être supportées par les citoyens et habitants, I, 506.
1246.		*Pacta naulorum.* Traités passés en 1246 pour l'affrétement de la flotte de saint Louis partant en croisade, I, 609; II, B, 50.
1246. Mars ou avril.		Proposition des commissaires du roi (en langue latine), II, B, 54.
		Texte français, II, B, 61.
1246. Septembre 13.		Procuration donnée par le podestat de Gênes à Guillaume de Voragine, pour traiter avec les commissaires du roi saint Louis. — Texte des conventions, II, B, 51.
1248. Juin.		Charte de saint Louis concernant le fief de Loigny dans le pays Chartrain, III, 453.

Années.	
1248. Juin.	Charte de saint Louis concernant le fief de Roches dans le pays Chartrain, III, 454.
1250.	Priviléges accordés à la cité de Rodez par l'évêque Vivian, III, 14.
1251. Août 11.	Lettre de saint Louis à son frère Alfonse, pour lui mander ce qui s'est passé outre-mer, I, 646.
1252. Avril.	Lettres de saint Louis, par lesquelles il donne à Jean, sire de Joinville, 200 livres de rente annuelle, I, 620.
1252. Juin 8.	Lettres du roi Henri III d'Angleterre, portant donation du duché de Guyenne à son fils aîné Édouard, II, B, 49.
1253. Décembre.	Acte par lequel Huet, vidame de Châlons, reconnaît avoir fait hommage à l'abbaye de Saint-Remi de Reims, I, 357.
1255. Août.	Coutumes données à la ville de Najac, par Alphonse, comte de Poitiers, III, 27.
1257. Février 7.	Lettres de saint Louis confirmant les priviléges concédés par Raimond, duc de Narbonne, à l'abbaye de Leoncel, I, 648.
1257. Mars.	Lettres d'Alfonse, comte de Poitiers et de Toulouse, confirmant les priviléges de l'abbaye de Leoncel, I, 648.
1258. Juillet.	Lettres de Jean, sire de Joinville, au sujet de l'oratoire établi dans son château, I, 625.
1261. Juin.	Serments prêtés par les bourgeois et l'Université de Paris, en présence du roi saint Louis, de maintenir la paix et de signaler ceux qui la troubleraient, II, B, 68.
1262.	Règle de l'institut des béguines de Valenciennes, IV, B, 303.
1263. Octobre 10.	Charte de Thibault V, comte de Champagne, en faveur de l'abbaye d'Argensolles, I, 355.
1265. Août 27.	Lettre d'Alfonse, recommandant à son sénéschal de surveiller les démarches de Jacques, roi d'Aragon, I, 650.
1266. Novembre 10.	Lettres de Jean, sire de Joinville, relativement au droit de faire chanter messe dans son château, I, 625.
1268.	*Pacta naulorum.* Projet d'un contrat d'affrétement pour le roi, rédigé par des délégués de Marseille, I, 609.
1268. Octobre.	Accord entre l'abbaye de Los et la communauté de la ville de Béthune, relativement à une maison, III, 455.
1268. Octobre 10.	Lettres de Louis IX à la république de Gênes, pour accréditer ses commissaires chargés de traiter des vaisseaux à fournir pour son expédition d'outre-mer, I, 518 et 528.
1268. Novembre 26.	Lettres par lesquelles la ville de Gênes s'engage à fournir deux vaisseaux à Louis IX, I, 516.
1268. Novembre 27.	Lettres par lesquelles Pierre Aurie (d'Oria) et d'autres Génois louent et affrètent un vaisseau à Louis IX, I, 527.

TABLE CHRONOLOGIQUE

Années.	
1268. Novembre 28.	Lettres par lesquelles Obert Franco et d'autres Génois s'engagent à fournir un vaisseau à Louis IX, I, 523.
1268. Novembre 29.	Guido Corrigia, podestat, et d'autres Génois reconnaissent avoir traité avec Louis IX pour la construction d'un vaisseau, I, 542.
1268. Décembre 1.	G. Corrigia, podestat, et huit autres nobles de Gênes reconnaissent avoir traité avec Louis IX pour le même objet, I, 536.
Même date.	Document analogue, I, 539.
1268. Décembre 13.	Procuration donnée par Pierre Aurie, pour toucher 1000 livres que devait Louis IX, I, 549.
1268. Décembre 19.	Procuration donnée par Guilleuzon, pour toucher 3000 livres tournois dues par Louis IX, I, 546.
1269. Janvier 30.	Symon Malonus s'engage à fournir un vaisseau à Louis IX, I, 547.
1269. Février 5.	Guillaume le Rouge (Rubens), mandataire de Pierre Aurie, donne quittance d'une somme de 1000 livres aux commissaires de Louis IX, I, 547.
Même date.	Quittance délivrée par Anthonius Pedasius aux commissaires de Louis IX d'une somme de 1500 livres tournois, I, 543.
1269. Février 9.	Quittance de 2380 livres tournois délivrée à Louis IX par Nicolinus, I, 542.
1269. Avril 3.	Lettres de Louis IX, accréditant auprès des Génois ses commissaires, pour traiter d'un nouvel affrétement, I, 556, 564.
1269. Mai 3.	Lettres de Boniface Piper relatives au nolis du *Saint-Sauveur*, I, 559.
1269. Mai 8.	Lettres de Jean Marin et Conrad Panzan, Génois, relatives au nolis du *Bonaventura*, I, 551.
1269. Mai 13.	Conventions de H. Aurie et J. de Momardin avec les commissaires de Louis IX, pour la construction d'un salandrin, I, 561.
1270. Février 14.	Traité conclu entre le roi Jayme d'Aragon, comte de Montpellier, et le roi maure de Tunis, II, B, 81.
1270. Octobre 9.	Lettre de l'abbé de Saint-Denis relative au dépôt des couronnes du roi dans le trésor de l'abbaye, II, B, 70.
1271. Septembre.	Lettres de Jean, sire de Joinville, au sujet de l'oratoire établi dans son château, I, 625.
1273. Mai.	
1273.	Relation d'une entrevue des envoyés du roi Philippe le Hardi avec le pape Grégoire X, I, 652.
1277. Juin.	Lettres par lesquelles Jean, sire de Joinville, déclare avoir mis en gage les ornements et reliques de sa chapelle chez les religieux de Saint-Laurent, I, 627.

Années.	
1278. Juin 13.	Renouvellement pour cinq années du traité conclu, en 1270, entre le roi Jayme d'Aragon et le roi maure de Tunis, II, B, 87.
1279. Juillet.	Pariage entre le roi Philippe le Hardi et le monastère de Grand-Selve, IV, B, 306.
1281. Juillet.	Lettres par lesquelles Jean, sire de Joinville, reconnaît devoir un homme au chapitre de Saint-Laurent pour le service de l'église, I, 628.
1285.	Mort de Philippe le Hardi. Extrait d'une chronique. I, 416.
1287. Fév. 4 et mars 5.	Transaction entre Édouard Ier, roi d'Angleterre, et l'abbé de Saint-Pierre de Clairac, relative aux droits sur les vins apportés à Bordeaux, II, B, 143.
1294.	Vidimus de plusieurs actes relatifs à la restitution de la Guyenne faite au roi de France par le roi d'Angleterre, II, B, 149.
1295. Décembre.	Lettres par lesquelles Philippe le Bel confirme le maire et les jurats de Bordeaux dans les droits de haute et basse justice, II, B, 158.
XIVe siècle.	Devise et ordonnance du repas d'Aicourt, dû au chapitre de Saint-Amé à Douai, III, 457.
1305. Avril 4.	Lettres par lesquelles le pape Clément V remplace, par un impôt dont l'archevêque de Bordeaux fixera le chiffre, la dîme sur les vins et les blés, II, B, 161.
1307. Mai 17.	Nomination, par le conseil communal de Bordeaux, de plusieurs commissaires chargés de fixer, de concert avec l'archevêque, un impôt sur le vin, II, B, 163.
1307. Juin 28.	Règlements concernant la justice et la police donnés à la ville de Rodez, par l'évêque Pierre de Pleine-Chassaigne, III, 15.
1308. Juillet 18.	Lettres par lesquelles Philippe le Bel accorde aux habitants de Bordeaux le pardon de leurs fautes, II, B, 165.
1311.	Épitaphe de Geoffroy (III), sire de Joinville, composée par Jean son petit-fils, I, 634.
1312. Janvier.	Autre traité (voir 1270 et 1278) entre le roi de Mayorque, comte de Montpellier, et le roi maure de Tunis, II, B, 100.
1315. Juin 9.	Lettre de Jean, sire de Joinville, au roi Louis le Hutin, au sujet de la guerre de Flandre, I, 640.
1316. Avril 22.	Lettre de Clémence, femme du roi Louis le Hutin, à l'abbé de Saint-Remi, le priant d'admettre Thomas Pasté, son échanson, en qualité de moine, I, 356.
1317. Mars 16.	Ordonnance du sénéchal de Gascogne relative au nombre et aux fonctions de sergent du roi, II, B, 166.

TABLE CHRONOLOGIQUE

Années.	
1317. Septembre.	Lettres par lesquelles Huet, vidame de Châlons, renonce à toutes ses prétentions sur le droit de gîte dans la maison de Vraux, appartenant à l'abbaye de Saint-Remi, I, 358.
1319. Juillet 11.	Obit de Jean, sire de Joinville, I, 621.
1323.	Mort de la reine, femme de Charles IV, I, 460.
1333. Nov. et 1334 fév.	Lettres patentes réciproques des rois de France et d'Aragon, sur le fait de la piraterie, II, B, 174.
	Autres lettres patentes de Philippe VI, roi de France, sur le même sujet, II, B, 177.
1339.	Texte catalan du traité passé entre le roi Jayme de Majorque et Aboul-Hassan-Ali, roi de Maroc. — Texte arabe. — Traduction française du texte arabe, II, B, 112, 116, 118.
1342. Juin 4.	Charte par laquelle Édouard III réunit le territoire de Bordeaux à la couronne d'Angleterre, II, B, 170.
1345. Avril 29.	Lettres de Philippe VI, roi de France, contenant l'extradition des criminels entre la France et l'Aragon, II, B, 178.
1347. Juillet 11.	Lettre de Philippe VI tendant à porter secours à la ville de Calais assiégée par Édouard III, II, B, 181.
1347. Juillet 18.	Lettres du roi Philippe VI concernant deux cents hommes envoyés par Abbeville au secours de Calais, II, B, 182.
1361.	Vidimus de la transaction du 4 février 1287, relatif aux droits sur les vins apportés à Bordeaux, II, B, 143.
1369. Décembre.	Privilèges accordés à la ville de Saint-Antonin (Aveyron) par Louis, duc d'Anjou, II, A, 18.
1370. Mars 14.	Privilèges accordés à la ville de Millau (Aveyron) par le duc d'Anjou, II, A, 31.
1371-1372.	Dépenses de l'hôtel de Gilles de Lorris, évêque de Noyon, III, 463.
1376. Novembre 9.	Lettres patentes du roi Charles VII accordant divers avantages aux religieuses de Saint-Just, II, B, 184.
1380. Octobre.	Dépenses de guerre dans le comté de Blois, III, 470.
1393. Mars 30.	Déposition de Jehan de Granville dans le procès relatif à l'empoisonnement supposé du comte de Savoie, III, 474.
1399. Novembre 30.	Commission de garde des archives de Flandre, Artois, etc., donnée à Thierry Gherbode, III, 66.
xve et xvie siècle.	Extraits de documents originaux concernant les jeux de personnages, mystères, etc., à Béthune et en d'autres lieux de Flandre, IV, B, 320.
1424. Février 14.	Quittance donnée par J. Casas, notaire de Perpignan, à des marins qui avaient pillé la châsse de Saint-Louis de Toulouse, IV, B, 310.
1427. Janvier 23.	Quittance relative au secours de gendarmes fournis à Charles VII, roi de France, par le roi d'Aragon, IV, B, 311.

DES DOCUMENTS INÉDITS.

Années.	
1427. Mai 10.	Quittance analogue, IV, B, 312.
1428. Avril 12.	Quittance donnée par des ménétriers envoyés par Charles VII au roi d'Aragon, IV, B, 313.
1429. Avril 21.	Notice sur une portion d'une riche garde-robe du xve siècle (en Roussillon), IV, B, 314.
1432. Septembre 3.	Quête pour le rachat de Jean II ou Janus, roi de Chypre, prisonnier du soudan d'Égypte, IV, B, 315.
1438.	Extrait du testament de Jacques de Bourbon, duc de Montpensier, I, 188.
1439. Juillet 24.	Traitié encommenchie à Calais pour la paix finale des rois et roialmes de France et d'Angleterre, II, B, 187.
1449 (?)	Mort d'Agnès Sorel et détails sur sa sépulture tirés de l'histoire de l'abbaye de Jumiéges, I, 419.
1449. Février 9.	Épitaphe d'Agnès Sorel, composée en 1525, I, 420.
Même date.	Autre épitaphe, I, 421.
1452. Mai 13.	Bulle du pape Nicolas V à Jacques Cœur, argentier du roi de France, II, B, 470.
1452.	Instructions du roi Charles VII à Mgr de Torcy et autres sur ce qu'ils ont à dire à Louis Dauphin, II, B, 191.
1452. Octobre 14.	Instruction de Louis Dauphin (Louis XI) à l'archevêque d'Embrun et autres, ses envoyés vers le roi, II, B, 189.
1453. Février 22.	Lettre de Jehan de Molesme, secrétaire du duc de Bourgogne Philippe le Bon, adressée aux maire et échevins de Dijon, relative à une fête donnée par le duc à Lille, IV, B, 457.
1456 à 1503.	Comptes de dépenses faites à Béthune pour jeux de personnages, etc., IV, B, 337.
1456. Mai 20.	Lettres de Louis XI, encore Dauphin, donnant à Matthieu Thomassin mission de composer le registre delphinal, I, 249.
1465. Mars à décembre.	Lettres, mémoires, instructions et autres documents relatifs à la guerre du Bien Public en l'année 1465, II, B, 194 à 408.
1465. Juillet.	Extrait des mémoires inédits de Jehan de Haynin, III, 484.
1466. Janvier-mai.	Suite des documents relatifs à la guerre du Bien Public, II, B, 409 à 456.
1465-1467.	Suite des pièces relatives à la guerre du Bien Public (comptabilité), II, B, 459 à 476.
1468.	Remise des clefs et des répertoires de la trésorerie des chartes de Lille par Jean de Scoenhove à Barthélemy Trotin, III, 71.
1468. Avril.	Récit des États généraux de Tours en 1468, III, 494.
1469. Novembre	Abolition accordée à Bertrand de Boulogne, comte d'Auvergne, à cause de sa conduite équivoque pendant la guerre du Bien public, II, B, 457.

TABLE CHRONOLOGIQUE

Années.

1483-1498.	Quatorze lettres du roi Charles VIII à la ville de Lectoure, III, 499.
1484. Avril 6.	Rapport de maitre Jehan de Saint-Deliz du voyage fait devers le roy aux Estats du royaulme tenus à Tours, II, B, 476.
1486. Juillet 31.	Lettre de Maximilien Ier à Charles VIII sur l'autorité donnée par ce roi aux sieur et dame de Beaujeu, IV, B, 463.
1486. Août 31.	Réponse de Charles VIII à la lettre de Maximilien du 31 juillet, IV, B, 469.
Même date.	Réponse du Parlement de Paris aux lettres de l'archiduc Maximilien (même sujet), IV, B, 472.
1486. Septembre 1.	Réponse de l'Université de Paris aux lettres de l'archiduc Maximilien (même sujet), IV, B, 475.
1486. Septembre 2.	Réponse des prévôt des marchands, échevins, bourgeois et habitants de Paris aux lettres de Maximilien (même sujet), IV, B, 476.
1488. Septembre 8.	Lettre de l'archevêque de Vienne à M. de Langeac de la Mothe au sujet de la paix conclue entre le pape et le roi de Naples et aux projets du duc de Lorraine sur ce royaume, IV, B, 316.
1492. Novembre 13.	Lettre de Charles VIII aux gens des comptes à Paris au sujet de la fondation d'une maison de l'ordre de Saint-François à Lyon, IV, B, 347.
1494. Avril 25.	Rapport de Nicolas Fauvel et de Jacques Groult, eschevins d'Amiens, de leur députation à l'assemblée de Lyon pour la paix avec le roi des Romains, le roi d'Espagne et la conquête de Naples, II, B, 477.
1495. Mai 26.	Lettre de Charles VIII à la commune de Florence, I, 672.
1495. Novembre 27.	Lettre du même à la même, I, 673.
1495. Décembre 13.	Lettre du même à la même, I, 673.
1496. Janvier 22.	Lettre de Charles VIII à la commune de Gênes, I, 670.
1496. Janvier 25.	Lettre de Charles VIII au sieur de Saint-Paul, à Sezeranelle, I, 671.
1496. Février 8.	Lettre de Charles VIII à la commune de Gênes, I, 671.
1498. Avril 16.	Lettre de Louis XII à la commune de Florence, I, 674.
1499 à 1507.	Lettres de Louis XII aux autorités civiles de Berne, Fribourg et Soleure, IV, B, 382.
XVIe siècle.	Dix-sept lettres de diverses princesses d'Albret et de Navarre, IV, B, 370.
1500. Avril 18.	Lettre de la reine Anne de Bretagne à la commune de Florence, I, 675.
1500. Juin 15.	Lettre de Louis XII à la commune de Florence au sujet de la détention du dominicain Jérôme de Ferrara, qui fut brûlé vif, I, 675.

Années.	
1500. Juin 27.	Lettre de Louis XII à la commune de Florence, I, 676.
1505. Février 1.	Lettre de Louis XII à la commune de Florence en faveur de la veuve du roi de Naples, I, 676.
1506.	Lettres par lesquelles Philippe Ier, roi d'Espagne, nomme des commissaires pour renouveler l'inventaire du trésor des chartes de Lille, III, 72.
1509. Mai 14.	Lettres de Louis XII aux Florentins pour leur annoncer la victoire d'Agnadel, I, 677.
1510. Janvier 27.	Lettre de Louis XII à la commune de Florence au sujet du concile qui devait être tenu à Pise, I, 678.
1510. Juillet 18.	Lettre de Louis XII à la commune de Florence dans laquelle Nicolas Machiavel est nommé, I, 678.
1511. Janvier 13.	Lettre de Louis XII à la commune de Florence pour qu'on mande à Léonard de Vinci de venir trouver le roi à Milan, I, 679.
1511. Août 3.	Lettre de Louis XII à la commune de Florence pour préparer à Pise la réception des prélats qui devaient y tenir un concile, I, 679.
1513.	Lettre de Charles-Quint, encore enfant, à son grand-père Ferdinand le Catholique, I, 460.
1513. (Mois en blanc.) 19.	Accord entre les habitants de la Roche-de-Glun et d'Alanson (Drôme) et leur seigneur Guillaume Artaudi (en roman et en français), IV, B, 348.
1515. Mars 23.	Ordres d'arrestation donnés par François Ier, III, 514.
1523. Mai 8.	Commission du roi François Ier à M. le baron de Crissé d'assembler la noblesse, prévôts et autres, pour courir sur les vagabonds, II, B, 481.
1515.	Projet de traité secret entre François Ier et le pape, avec un facsimile, III, 517.
1515 à 1525.	Sept lettres de Louise de Savoie au roi de Navarre, au prince Charles de Navarre, aux élus du Limousin et au sieur d'Albret, IV, B, 401.
1515 à 1547.	Quatre lettres de François Ier au roi de Navarre, III, 569.
1516. Février 4.	Lettre de François Ier à Henri d'Albret lui mandant la mort du roi d'Aragon (Ferdinand le Catholique), III, 569.
1516. Février 13.	Lettre de François Ier à Henri II d'Albret, roi de Navarre, lui conseillant de recouvrer son royaume, III, 570.
1519. Avril 26.	Diplôme pour un prévôt maniant onze espèces d'armes, IV, B, 359.
1519. Septembre 4.	Diplôme pour un prévôt maniant quatre espèces d'armes, IV, B, 362.
1519. Décembre 25.	Concession du droit de vindicte à main armée faite par Charles

TABLE CHRONOLOGIQUE

Années.

	Quint aux villes de Perpignan et de Thuir (Pyrénées-Orientales), IV, B, 366.
1525 à 1532.	Sept lettres de Henri II, roi de Navarre, à son chancelier, III, 588.
1526. Septembre 28 à (1544) juin 21.	Lettre de François 1er aux autorités civiles de Berne, IV, B, 387.
1532.	Prise de possession de l'évêché de Noyon par l'évêque Jean de Hangest, IV, B, 368.
1533. Décembre.	Entrevue du roi François 1er et du pape, à Marseille, III, 515.
1535. Juillet 21.	Confirmation des priviléges des habitants de Rodez par Henri d'Albret, III, 1.
1536. Décembre 26.	Extrait d'un procès-verbal pour l'établissement d'une foire à Brion, I, 217.
1540. Juin 30.	Ordre de François 1er de payer à la dame des filles de joie suivant la cour leur droit du mois de mai 1540, IV, B, 479.
1543. Mars 17 et 30, et avril 30.	Trois lettres de Marguerite, reine de Navarre, sœur de François 1er, aux conseillers de Lectoure, IV, B, 406.
1543. Juin et juillet.	Documents relatifs à l'évacuation de la ville de Toulon par ses habitants et à son occupation par l'armée turque de Barberousse. — Extrait du rapport de l'armée turquesque, III, 520. — Documents divers sur le même sujet (extrait des délibérations du conseil de la ville de Toulon), III, 525.
1543. Décembre 11.	Ordonnance du roi François 1er exemptant des tailles la ville de Toulon, III, 559.
1545. Mars 6.	Lettre du roi François 1er à M. Mesnage, son ambassadeur auprès de l'empereur, accréditant le sieur Jehan Lymonnet, III, 604.
1545. Décembre 28.	Lettre de François 1er à James-Bey, truchement du Grand Seigneur au sujet de la délivrance de plusieurs esclaves français d'origine, III, 566.
1546. Mars 12.	Lettre de J. Sleidan au roi de Navarre relative à sa mission à Francfort pour les affaires des protestants, IV, B, 406.
1546. Avril 6.	Lettre de Henri et de Marguerite, roi et reine de Navarre, à Me Imbert Allère, juge de Nérac, III, 573.
1546. Mai 27.	Lettre de Marguerite, reine de Navarre, au juge de Nérac, III, 574.
1546. Août 22.	Lettre de Marguerite, reine de Navarre, au président de Béarn, III, 574.
1546. Décembre 9.	Lettre de la reine Marguerite au chancelier de Navarre, III, 575.
1547. Juillet 12.	Ordres du roi à la ville de Paris touchant l'entretien de bêtes amenées d'Afrique, IV, B, 482.

DES DOCUMENTS INÉDITS.

Années.	
1548 à 1554.	Neuf lettres de Henri II, roi de France, à son oncle, le roi de Navarre, III, 595.
1550. Mai 31.	Mandement de Charles-Quint concernant la garde des clefs du dépôt des chartes au château de Lille, III, 55.
1551. Mars 25.	Lettre du roi Henri II au sultan, relativement à l'emploi de l'armée de mer des Turcs, III, 567.
1557. Janvier 21.	Lettre d'Antoine et de Jeanne, roi et reine de Navarre, au président de Malras; instructions, III, 576.
1557. Décembre 26.	Lettre de Henri II, roi de France, aux manants et habitants de Castel-Sarrazin, leur demandant une fourniture de salpêtre, IV, B, 409.
1558. Mai 8.	Lettre de Jeanne, reine de Navarre, au président de Malras: instructions, III, 576.
1558. Juillet 10.	Lettre de Henri II aux habitants de Castel-Sarrasin; rappel de sa lettre du 26 décembre 1557, IV, B, 410.
1562. Janvier 14.	Lettre de Jeanne, reine de Navarre, au trésorier de Périgord. III, 577.
1568. Avril 6.	Lettre de Jeanne, reine de Navarre, à la chambre des comptes de Nérac, III, 578.
1569. Mars 10-13.	Relation originale de la bataille de Jarnac, IV, B, 483.
1569. Mars et avril.	Relation des choses que j'ai notées en ce voyage que j'ai fait en France au camp du duc d'Anjou, frère du roi (document anonyme), IV, B, 488.
1571. Mai 21.	Cérémonies observées au baptême de Mgr le comte de Clermont et de Tonnerre, III, 606.
1571. Mai 31.	Lettre de Charles IX à M. d'Argence, qui demandait le gouvernement d'Angoulême, III, 604.
1572. Octobre 27.	Bulle d'absolution du crime d'hérésie, etc., donnée par Grégoire XIII en faveur de Henri III, roi de Navarre (depuis Henri IV), I, 713.
1573. Mai 28.	Mandement de Charles IX pour faire payer à sa lingère la somme de 1,956 livres due depuis 1565, III, 511.
1574. Avril 21.	Lettre de Charles IX, mandant au sieur de Charnières d'envoyer Mlle d'Antraines auprès de la reine sa mère, III, 612.
1576. Février 27.	Lettre de Henri III, roi de France, ordonnant de saisir les gages du Parlement de Bordeaux, qui refusait d'enregistrer un édit, III, 603.
1577. Avril 27.	Lettre de Henri III, roi de France, ordonnant au sieur de Matignon de courir sur le sieur de Bussy, III, 613.
1577 Décembre 8 à 1596 mai 3.	Vingt et une lettres de Catherine de Navarre, sœur de Henri IV; instructions à divers, III, 577.

TABLE CHRONOLOGIQUE

Années.

1581. Novembre 26.	Lettre du roi Henri III à Michel Montaigne, élu maire de Bordeaux, II, B, 481.
1582. Mai 21.	Lettre de Montaigne aux jurats de Bordeaux, II, B, 484.
1583. Décembre 10.	Mémoire de Montaigne, maire de Bordeaux, et de ses jurats, adressé au roi de Navarre, II, B, 485.
1585. Février 8.	Autre lettre de Montaigne aux jurats de Bordeaux, II, B, 486.
1589. Novembre 15.	Déclaration des consuls, jurats et habitants de Villeneuve, contre Henri IV, II, B, 486.
1592. Juin 21.	Articles de la trêve faite à Moissac entre le seigneur de Matignon, commandant pour le roi en Guienne, et le marquis de Villary, commandant pour le duc de Mayenne, III, 614.
1599.	Formule d'obéissance au Saint-Siége que signa Marie de la Rochefoucault, abbesse du Paraclet, I, 11.
1600 Mars 1 à 1610.	État des dons et brevets du roi. Prélèvements accordés à la marquise de Verneuil. Dons et brevets qu'elle rendra, IV, B, 496.
1601 à 1604.	Registres des délibérations de la chambre consultative du commerce et des manufactures, IV, B, 1. (Voir la table de ces registres, p. XLV.)
1601. Avril 13.	Lettres patentes du roi portant nomination de commissaires pour examiner les remontrances en forme d'édit, présentées par Barthélemy de Laffemas, IV, B, XIII. — Texte des remontrances, p. XV.
1602. Juin 14.	Lettre de Henri IV à M. de la Chastre (arrestation du maréchal de Biron), III, 623.
Même date.	Lettre du maréchal de la Chastre aux maire et échevins de Bourges (même sujet), III, 623.
1602. Juin 15.	Lettre du même aux mêmes (même sujet), III, 624.
1602 Juin 17.	Lettre des maire et échevins d'Issoudun à ceux de Bourges (même sujet), III, 624.
1602. Juillet 20.	Commission du roi pour délibérer sur les articles et mémoires de Laffemas, sieur de Beausemblant, IV, B, 1.
Même date.	Ordre du roi pour le plantage des mûriers, IV, B, 4.
1602. Août 16.	Commission du greffier nommé par le roi (administration du commerce et des manufactures), IV, B, 5.
1602 Août 17 à 1604 octobre 26.	Délibérations de la commission consultative du commerce et des manufactures, IV, B, 6.
1604.	Recueil présenté au roi de ce qui s'est passé en l'assemblée du commerce au palais, à Paris, par Laffemas, IV, B, 282.
1614. Nov. 24 et 26.	Récit de l'insulte faite au Parlement par M. d'Espernon, IV, B, 499.

DES DOCUMENTS INÉDITS.

Années.	
1614. Novembre 29.	Réponse de M. le premier président du Parlement à M. d'Espernon, IV, B, 501.
1625. Mai 11.	Récit de la réception faite à Henriette d'Angleterre, fille de Henri IV, par la ville d'Amiens, III, 625.
1629.	Épitaphe latine de Jean, sire de Joinville, I, 643.
1632. Novembre 16.	Lettre de l'archiduchesse d'Autriche, duchesse de Bourgogne, relative à la sortie de France de Gaston d'Orléans, III, 635.
1633. Août 25.	Résolution prise par le bureau de la chambre des comptes de Lille, relativement aux clefs de la tour des chartes, III, 83.
1642. Juillet 5.	Déclaration du confesseur de Marie de Médicis au sujet d'objets précieux donnés par cette reine à ses femmes de chambre au moment de sa mort, III. 636.
1642. Août 7.	Déclarations analogues à celle du 5 juillet 1642, concernant les objets précieux laissés par Marie de Médicis à ses femmes de chambre au moment de sa mort, III, 637.
1652. Juillet 15.	Requête des gentilshommes d'Agenais, donnée au comte d'Harcourt par M. de Castel pendant le siége de Villeneuve par ce comte, II, B, 488.
1656. Mai	Lettres patentes de Louis XIV, portant révocation des donations de biens faites par les vice-rois français en Catalogne.
1656. Novembre 28.	Ordonnance royale à la suite, III, 640.
1658. Avril 22.	Déclaration de la reine Anne d'Autriche concernant les perles laissées par Marie de Médicis à ses femmes de chambre au moment de sa mort, III, 639.
1659. Octobre 12.	Lettre de J. B. Colbert au cardinal Mazarin (procès de Bonnessons et de L'Aubarderie), II, B, 493.
1659. Octobre 22.	Réponse du cardinal Mazarin à la lettre de Colbert, datée du 12 octobre, II, B, 495.
1659. Octobre (lire novembre) 1.	Lettre de Colbert à Mazarin (sur divers sujets), II, B, 498.
1659. (Novembre 20?)	Réponse de Mazarin à la lettre de Colbert en date du 1er novembre 1659, II, B, 501.
1659. Octobre (lire novembre?) 28.	Lettre de Colbert à Mazarin, II, B, 504.
1663. Août 17.	Lettre de Colbert à Louis XIV (sur divers sujets) avec les réponses (non datées) du roi à la marge (fac-similé), II, B, 508.
Même date.	Lettre de Colbert à Louis XIV et, à la marge, réponses du roi, datées du 31 août 1663, II, B, 509.
1663. Août 28.	Lettre de Colbert à Louis XIV et à la marge réponses du roi, datées du 31 août 1663, II, B, 511.
1669. Novembre 19.	Relation de l'audience donnée par le sieur de Lyonne à l'envoyé à l'empereur des Turcs, IV, B, 503.

TABLE CHRONOLOGIQUE

Années.

1669. Décembre 5. — Lettre du Grand Seigneur (Mahomet IV) au roi Louis XIV, touchant le rappel de l'ambassadeur français, IV, B, 506.

1670. Février 2. — Lettre de Monsieur à Colbert (avec fac-simile), II, B, 513.

1670. Mai 12 et 19. — Lettre de Colbert à Louis XIV (sur divers sujets) et, à la marge, réponses du roi, datées du 16 mai, II, B, 515.

1670. Juillet et août. — Instructions de Colbert à son fils, le marquis de Seignelay, pour le voyage que celui-ci va faire à Rochefort. Lettres de Colbert à M. de Terron, concernant ce voyage, IV, B, 508.

1670. Octobre 24. — Lettre de Louis XIV à Colbert, concernant Mazarin, II, B, 518.

Vers 1671. — Huit mémoires ou notes de Colbert pour son fils sur ce qui est à faire par lui, IV, B, 533.

1671 (?). — Instructions pour le voyage de Hollande et d'Angleterre, rédigées par M. de Seignelay pour lui-même, IV, B, 536.

1671. Janvier 31. — Instructions de Colbert à son fils pour son voyage d'Italie, IV, B, 528.

1671. Avril 15. — Lettre de Louis XIV à Colbert, lui recommandant de ménager sa santé, II, B, 518.

1671. Avril 24. — Lettre de Louis XIV à Colbert (en réponse à ses doléances), II, B, 519.

1671. Avril 26. — Lettre de Louis XIV à Colbert sur le même sujet, II, B, 519.

1671. Juillet 2. — Mémoire de Colbert à M. de Terron, concernant la marine, IV, B, 533.

1671 (?). Juillet 9 et 10. — Addition, de la main de Colbert, au mémoire précédent, concernant les fonderies de canon, IV, B, 541.

1671. Septembre 24. — Mémoire de Colbert, pour son fils, à son arrivée en Angleterre, IV, B, 545.

1671. Septembre 27. — Lettre de Louis XIV à Colbert, concernant M. de Pomponne, nommé secrétaire d'État, II, B, 520.

1672. Mai 31. — Lettre de Louis XIV à Colbert, concernant les affaires militaires, II, B, 521.

1672. Juin 7. — Lettre de Louis XIV, concernant les affaires militaires et autres, II, B, 522.

1672. Août 30. — Lettre du roi à Colbert, lui annonçant son arrivée à Saint-Germain, II, B, 523.

1674. Avril 4. — Lettre de Louis XIV à Colbert; instructions, II, B, 523.

1674. Avril 23. — Lettre de Louis XIV à Colbert; instructions, II, B, 523.

Même date. — Lettre de Colbert fils à son père (détails sur son service auprès du roi), II, B, 529.

1674. Mai 18. — Lettre de Louis XIV à Colbert; instructions, II, B, 524.

1674. Juin 4. — Lettre de Louis XIV à Colbert; instructions, II, B, 525.

1688. Janvier 8. — Lettre de Saint-Mars, gouverneur des îles Sainte-Marguerite, concernant le masque de fer, son prisonnier, III, 645.

Années.	
1692 à 1753.	Édits et ordonnances, concernant la vente privilégiée du café, du thé, etc. IV, B, 560.
1693. Juin 2.	Lettre de Louis XIV au duc de la Feuillade, lui donnant avis de la prise de Roze, en Catalogne, III, 648.
1693. Juin 6.	Lettre du même au même, lui donnant avis de la prise de Heidelberg, III, 649.
1693. Août 2.	Lettre du même au même, lui donnant avis de la victoire de Neerwinde, III, 650.
1693. Octobre 12.	Lettre du même au même, lui donnant avis de la victoire de Marsaglia, III, 651.
1693. Octobre 16.	Lettre du même au même, lui donnant avis de la reddition de Charleroy, III, 653.
1696. Janvier 6.	Lettre de Saint-Mars, gouverneur des îles Sainte-Marguerite, concernant ses prisonniers, III, 646.
1698. Novembre 17.	Ordonnance de Louis XIV, portant que les titres relatifs au partage opéré par Robert, comte de Flandre, au XIVe siècle, soient transférés de la chambre des comptes de Metz en celle de Lille, III, 92.
1732. Décembre 19.	Lettre de J. F. Foppens, chanoine de Malines, à Jean Godefroy, concernant la publication du nouveau Miræus, III, 94.
1739. Janvier 10.	Lettre de l'archiviste du château de Joinville, relative aux archives de cette famille, I, 637.
1745. Juillet 21.	Mémoire de Godefroy (J. B.), concernant le trésor des chartes du château de Gand, III, 95.
1746. Juillet 20.	Nomination, par M. de Sechelles, du sieur Swerts à la garde et inspection des archives de la chambre des comptes du Brabant, III, 98.
1746. Octobre 12.	Lettre de J. B. Godefroy à M. de Sechelles en faveur de M. Swerts, chargé de collectionner les archives de la chambre des comptes de Brabant, III, 97.
1756.	Mémoire présenté au contrôleur général par les députés des états de Flandre et d'Artois pour la communication des titres extraits des archives des Pays-Bas, III, 99.
1757. Juin.	Lettre du roi de Prusse, Frédéric II, au gouverneur de Montbéliard après la bataille de Collin, en Bohême, I, 199.
1760. Janvier 11.	Commission de garde des archives de la chambre des comptes de Lille, donnée par le roi à D. J. Godefroy, III, 100.
1769. Avril 8.	Lettre de M. Bertin, ministre d'État, à M. Taboureau de Réaux, intendant de Flandre à Valenciennes (pour mémoire), III, 102.
1775. Janvier 28.	Lettre de A. Kluit à D. J. Godefroy; demande de documents, III, 102.

TABLE CHRONOLOGIQUE.

Années.

1775. Septembre 27.	Lettre de A. Kluit à D. J Godefroy, communication d'ouvrages historiques, III, 105.
1778. Novembre 18.	Lettre de Marye, prieur de l'abbaye de Jumièges, relative à la mort et au lieu de sépulture d'Agnès Sorel, I, 418.
1783. Juillet 3.	Lettres de D. J. Godefroy à M. Moreau, historiographe de France (détails sur les archives de l'abbaye de Cysoing et autres), III, 106.
1783. Septembre 2.	Lettre de D. J. Godefroy à M. Moreau, concernant l'ouverture des archives de l'abbaye de Cysoing, avec un projet d'arrêt autorisant cette opération, III, 108.
1793. Janv. 15, 16, 17.	Procès-verbal des opérations faites aux ci-devant chambre des comptes et bureau des finances de Lille, III, 110.
1802.	Note sur le dépôt de la chambre des comptes à Lille, remise par le citoyen Poret le 17 vendémiaire, an x, III, 115.
1808.	Rapport au préfet du Nord sur le travail des archives du département, III, 119.
1839. Septembre 8.	Délibération du conseil général du Nord sur la construction d'un nouvel édifice pour le dépôt des archives du département, III, 129.
1844.	Notice descriptive du nouvel édifice destiné à recevoir les archives du département du Nord par M. Leplus, architecte, III, 129.
1844. Août 25.	Rapport annuel au préfet du Nord sur l'état des archives du département, par M. Edw. Le Glay (extrait), III, 134.
1845. Août 25.	Second rapport annuel (extrait), III, 139.
1845. Décembre 30.	Rapport au ministre de l'instruction publique sur le travail des archives du département du Nord par M. Edw. Le Glay, III, 145.

TABLE ALPHABÉTIQUE

DES

MATIÈRES CONTENUES DANS LES QUATRE VOLUMES

DES DOCUMENTS HISTORIQUES INÉDITS OU MÉLANGES.

N. B. Les tomes II et IV ayant deux paginations, celles-ci sont distinguées, dans la présente table, par les lettres A et B.

A

ADALGARDE, *Adalgardis*. — Charte d'Addalgarde pour l'abbaye de Saint-Maixent (entre 936 et 963), I, 482.

ADÈLE (Comtesse), fille de Guillaume, roi d'Angleterre. — Charte en faveur du monastère de Sainte-Foy de Coulommiers (1107), II, B, 5.

ADRIEN Ier. — Instructions de Charlemagne à ses envoyés vers le pape Adrien Ier, I, 474.

AGEN. — Notice de cinq pièces tirées des archives de la ville d'Agen, I, 342. — Exemption de tous droits accordée par Richard Ier au passage du pont d'Agen, I, 499. — Composition ou association (en langue romane) entre la commune d'Agen et la commune du Mas (1222), I, 500. — Composition ou association (en langue romane) entre la commune d'Agen et plusieurs autres lieux du comté d'Agenais (1224), I, 502. — Document analogue (1239), I, 504. — Charte par laquelle l'évêque, le sénéchal d'Agenais et les consuls de la ville d'Agen règlent la manière dont les dépenses devront être supportées par les citoyens et habitants (1245), I, 506.

AGENAIS. — Requête de gentilshommes d'Agenais au comte d'Harcourt, pendant le siége de Villeneuve (1652), II, B, 488.

AGNADEL. — Victoire d'Agnadel (1509), I, 677.

AGNÈS (Comtesse), I, 487.

AGNÈS SOREL. — Renseignements relatifs à Agnès Sorel, transmis par M. Fernel père, I, 418. — Détails sur la mort d'Agnès Sorel, I, 419. — Épitaphe d'Agnès Sorel, composée en 1525, I, 420. — Autre épitaphe, I, 421.

Aicourt (Écourt-Saint-Quentin), III, 457.

Aimeric, abbé de Saint-Maixent, II, B, 41; III, 403.

Aimeric (Autre). II, B, 41.

Aisne. — Documents historiques existant dans le département, II, A, 1.

Alanson (Drôme), IV, B, 348.

Alboin, *Alboinus*, évêque de Poitiers et abbé du monastère de Nouaillé. — Charte pour Bernier, chanoine de Saint-Pierre (955), I, 481.

Aldasende, *Aldasendis*, I, 477.

Alexandre II. — Privilège du pape Alexandre II en faveur de la collégiale de Saint-Pierre à Lille (1066), III, 439.

Alfonse, comte de Poitiers et de Toulouse. — Lettre de saint Louis à son frère Alfonse, I, 646. — Acte par lequel Alfonse confirme les privilèges de l'abbaye de Leoncel, I, 648. — Lettre d'Alfonse au sénéchal de Toulouse et d'Albi, lui recommandant de surveiller les démarches de Jacques, roi d'Aragon (1265), I, 650.

Aliénor, duchesse d'Aquitaine. — Charte d'Aliénor pour l'abbaye de Montier-Neuf (1152), II, B, 34.

Amiens. — Archives et bibliothèques de l'arrondissement d'Amiens, I, 430. — Documents historiques conservés dans la bibliothèque d'Amiens, I, 430. — Documents historiques conservés dans les archives de la mairie d'Amiens, I, 434. — Réception d'Henriette de France à Amiens (1625), III, 625.

Anchin. — Charte de fondation de l'abbaye d'Anchin (1079), III, 447.

Angers. — Précepte de Pépin Ier pour l'évêché d'Angers (837), III, 425.

Anjou (Duc d'). — Voyage fait au camp du duc d'Anjou (1569), IV, B, 488.

Anne. — Lettre de la reine Anne à la commune de Florence, I, 675.

Anne d'Autriche, III, 639.

Anselme. — Notice d'une cession de terre faite par Anselme en faveur du monastère de Saint-Maixent, I, 487.

Antoine, roi de Navarre. — Lettres d'Antoine (1557-1568), III, 576.

Antraines (Demoiselle d'). — Lettre de Charles IX au sujet de la demoiselle d'Antraines, III, 612.

Ardennes. — Archives du département. I, 1.

Argensolles (Abbaye d'). — Charte de Thibault V, comte de Champagne, confirmant les privilèges de l'abbaye d'Argensolles, I, 355.

Ariége. — Archives du département, I, 2.

Arles. — Archives de la ville, I, 49. — Document de 801 sur Notre-Dame d'Arles, III, 405.

Artaudi ou *Artaud* (Guillaume), seigneur de la Roche-de-Glun et d'Alanson (Drôme), IV, B, 348.

Asinarius Elsi, I, 486.

Asprières (Aveyron), III, 33.

Aube (Département de l'). — Archives départementales, I, 4, 15.

Aude. — Documents historiques existant dans le département, I, 21.

Audierne (L'abbé). — Sa collection de pièces relatives à l'histoire de Sarlat, I, 117.

Aurie, ou d'Oria (Pierre). — Lettres par lesquelles Aurie et d'autres Génois affrètent un vaisseau à Louis IX (1268), I, 527. — Quittance de 1,000 livres donnée par un mandataire de Pierre Aurie aux commissaires de Louis IX (1269), I, 547. — Procuration donnée par Pierre Aurie pour toucher 1,000 livres dues par Louis IX (1268), I, 549.

AURIE, ou D'ORIA (Henri). — Convention entre Aurie et les commissaires de Louis IX pour la construction d'un Salandrin (1269), I, 561.

AUVERGNE (Comte D'). — Documents relatifs à l'entreprise du comte d'Auvergne et du maréchal de Biron, III, 623.

AVALLON. — Archives de la bibliothèque d'Avallon, I, 451.

AVENAY (Marne). — Cartulaire de l'abbaye d'Avenay, I, 369. — Droit de gîte de Thibault de Champagne dans le bourg d'Avenay, I, 370.

AVEYRON (Département de l'). — Coutumes de l'ancien Rouergue, I, 455. — Documents historiques existant dans le département, II, A, 9; III, 1.

AVRANCHES. — Manuscrits historiques de la bibliothèque d'Avranches, I, 347.

AZAÏS (J.). — Documents conservés dans l'arrondissement de Béziers, I, 186.

B

BAGNÈRES-DE-BIGORRE. — Archives de Bagnères-de-Bigorre, III, 393.

BARBEROUSSE. — Séjour de la flotte turque de Barberousse à Toulon (1543-1544), III, 518.

BAR-SUR-SEINE. — Octroi de la mainmorte à ses habitants, II, B, 43.

BAYEUX. — Cartulaire de la cathédrale de Bayeux et autres manuscrits conservés dans le chartrier de cette cathédrale, I. 351.

BEAUJEU. — Autorité des seigneur et dame de Beaujeu contestée par Maximilien Ier en 1486, IV, B, 463.

BEAUJOLAIS. — Sources de l'histoire du Beaujolais, I, 410.

BEAUMONT (Demoiselle), I, 675.

BEAUVAIS. — Anciennes archives judiciaires de Beauvais, IV, A, 7.

BERBRUGGER. — Communication d'un accord entre les habitants de la Roche-de-Glun et d'Alanson et leur seigneur (1513), IV, B, 348.

BERCHON (Raynald), I, 487.

BERGONIUS (Sansius), I, 486.

BERNARD, comte de Poitou, III, 415.

BERNE. — Lettres de Louis XII à la ville de Berne, IV, B, 382. — Lettres de François Ier à la ville et au canton de Berne, IV, B, 387.

BERNIER, chanoine de Saint-Pierre, I, 481.

BERNIER. — Acte du prêtre Bernier en faveur de Raynaldus (784), III, 401. — Vente d'un morceau de terre faite au prêtre Bernier par Aimeric et Landri (790), III, 403.

BERNIS (Patrice DE). — Rapport sur deux cartulaires du monastère de Saint-Mont, I, 168.

BERTHAIS, Bertaïs, I, 478.

BÉTHUNE. — Accord entre l'abbaye de Los et la ville de Béthune (1270), III, 455.

BÉTHUNE. — Documents relatifs aux jeux exécutés à Béthune, IV, B, 320.

BÉZIERS. — Documents recueillis par la Société archéologique de Béziers, I. 186. — Lettre de Louis IX à la ville de Béziers (1226), III, 451. — Lettre de la reine Blanche congratulant la ville de Béziers (1240), III, 452.

BIEN PUBLIC. — Lettres, mémoires, instructions et autres documents relatifs à la guerre du Bien Public en l'année 1465, publiés par M. Jules Quicherat.

Biron (Maréchal de). — Documents relatifs à l'entreprise du comte d'Auvergne et du maréchal de Biron (1602), III, 623.

Blanche. — Lettre de la reine Blanche à la ville de Béziers, III, 452.

Blois. — Dépenses de guerre, en 1380, dans le comté de Blois, III, 470.

Bologne. — Documents sur l'histoire de France existant à Bologne dans la bibliothèque de l'université, III, 297.

Bonaventura. — Nolis du *Bonaventura* (1269), I, 551.

Boneuil, *Bonolium* (Deux-Sèvres). — Donation d'une terre située à Boneuil, I, 482.

Bordeaux. — Projet de travail pour une histoire de Bordeaux, I, 183. — Chartes et lettres de Jean-sans-Terre et de Henri III, rois d'Angleterre, en faveur des bourgeois de Bordeaux, II, B, 45. — Droits de haute et basse justice confirmés par Philippe-Auguste aux maire et jurats de Bordeaux (1295), II, B, 158. — Lettres de Philippe le Bel accordant aux habitants de Bordeaux le pardon de leurs fautes (1308), II, B, 165. — Charte d'Édouard III réunissant le territoire de Bordeaux à la couronne d'Angleterre (1342), II, B, 170. — Documents relatifs à l'impôt sur les vins de Bordeaux au XIVe siècle, II, B, 161, 163. — Péage pour le transport des vins de Bordeaux, II, B, 45. — Transaction relative aux droits sur les vins apportés de Bordeaux à Clairac, II, B, 143. — Sept pièces tirées d'un manuscrit de l'hôtel de ville de Bordeaux, II, B, 149. — Documents relatifs à Michel Montaigne, maire de Bordeaux, II, B, 483. — Rapports de Henri III avec le Parlement de Bordeaux, III, 603.

Borel d'Hauterive, éditeur des documents insérés dans le tome II, sous les n°ˢ xxiii à xxvii.

Boson. — Charte de donation de Boson à l'évêché de Maurienne (886), III, 428.

Bouches-du-Rhône. — Documents historiques existant dans le département, I, 26, 49.

Bouglon. — Archives municipales de Bouglon, I, 330. — Extrait de la charte de la commune de Bouglon, I, 330.

Bourbon (Jacques de), duc de Montpensier. — Extrait du testament de Jacques de Bourbon (1438), I, 188.

Bourges. — Lettre de Henri IV aux maire et eschevins de Bourges concernant l'affaire du maréchal de Biron (1602), III, 623.

Bourguignons. — Complot tendant à livrer Laon aux Bourguignons, I, 694.

Breban (Corrard de). — Voir Corrard de Breban.

Bretagne. — Manuscrits relatifs à la Bretagne, conservés à la Bibliothèque royale, I, 310.

Brevets du roi. — État des brevets du roi (1600-1608), IV, B, 496.

Brion. — Établissement d'une foire à Brion (1536), I, 217.

Brive. — Archives de la ville de Brive, III, 34.

Bulle d'absolution en faveur de Henri III de Navarre (depuis Henri IV, roi de France), I, 713. — Voir Grégoire XIII.

Bussy. — Lettre de Henri III au sujet du sieur de Bussy, III, 613.

C

Cabanis. — Catalogue des manuscrits de la bibliothèque de Meaux, I, 424.

Café. — Vente du café de 1692 à 1753, IV, B, 560.

Calais. — Documents sur le siége de Calais, II, B, 181. — Traittié encommenchié à Calais (pour la paix entre la France et l'Angleterre) (1439), II, B, 187.

Calvados. — Archives du département du Calvados, I, 53.

Cambrai. — Mémoriaux de l'abbaye de Saint-Aubert à Cambrai, III, 383.

Cartulaire de Sainte-Marie de Saintes (Notice), I, 75. — Extr. II, B, 171. — de saint Hugues de Grenoble (Notice), I, 262. — de Redon (Notice), I, 190. — de Saint-Mont (Notice), I, 168. — de la cathédrale de Bayeux (Mention), I, 351. — de l'Hôtel-Dieu de la Haye-Paisnel (Mention), I, 349. — de Saint-Remi de Reims (Notice), I, 355. — de l'abbaye d'Avenay (Notice), I, 369. — de l'abbaye de Saint-Bertin (Mention), I, 396. — de l'église de Meaux (Mention), I, 428. — de l'abbaye de Chelles (Mention), I, 428. — de l'église Saint-Laurent de Joinville (Notice et extrait), I, 623. — de l'abbaye de Gorze (Notice), II, B, 121. — divers de Flandres (Mention), II, A, 72. — de l'abbaye de Saint-Aubert de Cambrai (Notice), III, 383. — de l'abbaye d'Uzerches (Mention), III, 433.

Cassany-Mazet. — Communication d'une déclaration des consuls de Villeneuve (sur Lot) contre Henri IV, II, B, 486. — d'une requête des gentilshommes d'Agenais au comte d'Harcourt pendant la siége de Villeneuve, II, B, 488.

Castelan, abbé de Vallespir, aujourd'hui Arles, III, 405.

Casteljaloux. — Archives municipales de Casteljaloux, I, 326.

Castelnaudary (Aude). — Archives de cette ville, I, 21.

Castel-Sarrasin. — Lettres de Henri II à la ville de Castel-Sarrasin, IV, B, 409.

Catalogne. — Vice-rois français en Catalogne, III, 640.

Catherine, reine de Navarre. — Trois lettres de Catherine au roi son mari, IV, B, 370.

Catherine de Navarre, sœur du roi Henri IV. — Vingt et une lettres de Catherine de Navarre (1577-1596), III, 578.

Cato ou Cattho (Angelo de Bénévent), archevêque et comte de Vienne. — Lettre de Cato à M. de Langeac (1486), touchant la paix conclue entre le pape et le roi de Naples, IV, B, 316.

Celle (Pierre, abbé de la). — Charte par laquelle il cède à une dame Hersande un terrain appartenant à l'abbaye, à la charge de le gérer (1148-1162), II, B, 30.

Chabot (Philippe de), amiral de France, I, 217.

Chalais, Cala (Vendée), I, 482.

Chambaud (V. H). — Rapport sur les archives des communes du département de Vaucluse, II, A, 112. — Notice sur l'organisation judiciaire dans l'ancien Comtat Venaissin, du XII° siècle à 1790, III, 152.

Chambure (Maillard de). — Voir Maillard.

Champollion-Figeac (J. J.). — Préface du tome I*er* (Historique de la publication depuis l'origine, 1834, jusqu'au 1*er* janvier 1837), I, p. 1. — Lettre au ministre de l'instruction publique sur les deux cartulaires du monastère de Saint-Mont, I, 181. — sur cinq pièces tirées des archives de la ville d'Agen, I, 342. — sur les sources de l'histoire du Beaujolais, 1, 410. — Éditeur d'un capitulaire de Charlemagne datant de 784 ou de 785, I, 469. — de documents inédits relatifs à Jean, sire de Joinville, I, 615. — de la bulle d'absolution donnée par Grégoire XIII en faveur de Henri III de Navarre, depuis Henri IV, roi de France, I, 713. — des documents relatifs à l'affrètement de la flotte de saint Louis (1246), II, B, 50. — des traités passés entre les rois de Majorque, seigneurs de Montpellier, et les rois maures de Tunis et d'Alger, II, B, 71. — d'une correspondance de Louis XIV avec Colbert et de Colbert avec le cardinal de Mazarin de 1659 à 1674, II, B, 491. — de documents relatifs au séjour de la flotte de Barberousse à Toulon, III, 520. — du registre des délibérations de la Commission consultative du commerce et des manufactures instituée en 1601, IV, B, 1. — de la passion de Notre-Seigneur Jésus-Christ et de la passion de saint Léger, avec traduction, IV, B, 411.

Chapelaude (Monastère de la). — Concession faite aux moines de la Chapelaude de couper du bois dans les forêts de Humbauld d'Ury, I, 492. — Restitution aux moines de la Chapelaude des biens qui leur avaient été ravis, I, 497.

Chapplain. — Documents historiques conservés dans la Loire-Inférieure, 1, 298.

Charente-Inférieure. — Archives du département, I, 74.

Charlemagne. — Capitulaire de Charlemagne contenant les instructions à ses envoyés vers le pape Adrien I*er*, en l'année 784 ou 785 (avec un *fac-simile*), I, 474. — Précepte de Charlemagne pour le monastère de Notre-Dame-de-Gerry (814), III, 408.

Charleroy. — Reddition de Charleroy assiégé par les Français, en 1693, III, 653.

Charles IV. — Relation de la mort de la reine, femme de Charles IV (1323), I, 460.

Charles V. — Lettres patentes portant une donation aux religieuses de Saint-Just (1376), II, B, 184.

Charles VII. — Secours en gendarmerie fourni à Charles VII par le roi d'Aragon (1427), IV, B, 311.

Charles VIII. — Lettres du roi Charles VIII aux communes de Gênes et de Florence, I, 670. — Lettre de Charles VIII au sieur de Saint-Paul à Sezeranelle, I. 671. — Lettres du roi Charles VIII à la ville de Lectoure (1483 à 1498), III, 499. — Lettre de Maximilien I*er* au roi, touchant l'autorité des seigneur et dame de Beaujeu (1486), IV, B, 463. — Réponse de Charles VIII à Maximilien I*er*, IV, B, 467. — Lettre de Charles VIII au sujet de la fondation d'une maison de l'ordre de Saint-François à Lyon (1492), IV, B, 347.

Charles IX. — Mandement de Charles IX pour faire payer sa lingère, III, 611. — Lettre de Charles IX au seigneur de Charnières, tuteur de la demoiselle d'Antraines (1574), III, 612.

CHARLES-QUINT. — Texte d'une lettre de Charles-Quint enfant à son grand-père, Ferdinand le Catholique (1513), I, 460. — Concession du droit de vindicte faite par Charles-Quint aux villes de Perpignan et de Thuir (1519), IV, B, 366. — Mandement relatif aux archives de la chambre des comptes de Lille (1540), III, 75.

CHAROLAIS (Comte Charles DE). — Extrait des Mémoires de Haynin sur le voyage de Charles de Charolais en France en 1465, III, 484.

CHARTRES. — Description d'un manuscrit de la bibliothèque de Chartres, II, A, 38.

CHARTROUSE (Laugier DE). — Voir LAUGIER DE CHARTROUSE.

CHÂTRE (M. DE LA). — Lettre de Henri IV à M. de la Châtre au sujet de l'affaire de Biron (1602), III, 623. — Lettres de M. de la Châtre aux maire et échevins de Bourges (même sujet). III, 624.

CHAUDRUC-DE CRAZANNES. — Rapport sur les archives municipales de plusieurs villes du Lot, I, 313. — Communication de la traduction française d'un document de 1279 (pariage entre Philippe le Hardi et le monastère de Grand'-Selve), IV, B, 306. — de lettres de Henri II à la ville de Castel-Sarrasin, IV, B, 409.

CHAUVENET (Ernest DE). — Rapport sur les archives de la ville de Saint-Quentin, II, A, 1.

CHELLES. — Mention du cartulaire de l'église de Chelles, I, 428.

CHÉRUEL. — Communication du Récit des états généraux tenus à Tours en 1468, III, 494.

CHILDEBERT III. — Diplôme de Childebert III pour l'abbaye de Saint-Denis (706), III, 397.

CHOCOLAT. — Vente du chocolat de 1692 à 1753, IV, B, 560.

CHRONIQUE depuis l'origine des Francs jusqu'à l'année 1137, II, B, 17.

CLAIRAC. — Abbaye Saint-Pierre de Clairac, II, B, 143.

CLAIRMARAIS (Pas-de-Calais). — Notice sur l'abbaye de Clairmarais et ses principaux manuscrits, par M. Piers, I, 387.

CLAIRVAUX. — Lettres par lesquelles Simon de Joinville accorde un droit de pêche à la maison de Clairvaux, I, 618.

CLAUDE (C.), éditeur des documents II à XVI, dans le tome Ier. — Des documents I à XXII, dans le tome II.

CLAUDINE, archiduchesse d'Autriche, III, 635.

CLÉMENCE, femme du roi Louis X. — Lettre de Clémence à l'abbé de Saint-Remi de Reims pour le prier d'admettre comme moine son échanson Thomas Pasté (1316), I, 356.

CLÉMENT V. — Lettre de Clément V remplaçant par un impôt, dont l'archevêque de Bordeaux fixera le chiffre, la dîme perçue sur les vins et les blés (1307), II, B, 161.

CLÉMENT VII. — Entrevue de Clément VII et de François Ier, en 1533, III, 515. — Projet de traité entre Clément VII et François Ier, III, 517.

CLERMONT-ET-TONNERRE (Comte DE). — Relation du baptême du comte de Clermont-et-Tonnerre (1571), III, 606.

CŒUR (Jacques). — Bulle de Nicolas V à Jacques Cœur, II, B, 470.

COLBERT. — Correspondance de Louis XIV avec Colbert et de Colbert avec le cardinal Mazarin, de 1659 à 1674, II, B, 491 à 531. — Instruction de Colbert à son fils pour le voyage de celui-ci à Rochefort (1670), IV, B, 508.—Lettres de Colbert à M. de Terron (1670), IV, B, 514. —Instruction de Colbert à son fils pour son voyage d'Italie (1671), IV, B, 528. — Mémoire de Colbert à M. de Terron, concernant la marine (1671), IV, B, 533. — Mémoire de Colbert pour son fils à son arrivée en Angleterre, sur la marine (1671), IV, B, 545. — Huit mémoires divers de Colbert pour son fils, sur la marine (vers 1671?), IV, B, 553. — Addition de Colbert à une instruction de son fils, concernant les fonderies de canons, IV, B, 541.

Colbert fils, marquis de Seignelay. — Lettre de Colbert fils à son père; détails sur le travail qu'il fait avec le roi (1674), II, B, 529. — Instruction rédigée par lui-même pour son voyage de Hollande et d'Angleterre, IV, B, 536.

Collin (Bohême). — Bataille de Collin, I, 199.

Colliouvre. — Quittance au sujet d'une information contre des marins de Colliouvre qui avaient pillé la châsse de Saint-Louis de Toulouse, IV, B, 310.

Commission consultative du commerce et des manufactures instituée par le roi en 1601. — Registre de ses délibérations, IV, B, 1.

Comptes de dépenses faites à Béthune pour des jeux de personnages, etc. IV, B, 337.

Comtat Venaissin. — Organisation judiciaire dans l'ancien Comtat Venaissin, III, 152.

Conciles. — Actes du concile de Perpignan; manuscrit conservé à la bibliothèque d'Avignon, IV, A, 22. — Lettres de Louis XII à la commune de Florence au sujet du concile qui devait être tenu à Pise (1510 et 1511), I, 678.

Concussionnaires. — Ordonnance contre les concussionnaires (1474), I, 706.

Conti (Prince de), vice-roi en Catalogne (1654), III, 641.

Contrat de mariage de l'an 833, III, 424.

Copin (Alexandre).— Lettre de Louis XII à la commune de Florence au sujet du moine Copin, I, 676.

Corrard de Breban. — Extrait d'un rapport sur les archives départementales de l'Aube (abbaye du Paraclet), I, 4.

Corrèze. — Documents historiques existant dans le département (rapport de M. Marvaud), III, 34.

Corrigia (Guido), podestat, et d'autres Génois reconnaissent avoir traité avec Louis IX pour la construction d'un navire (1268), I, 542. — Document analogue signé de Corrigia et de huit autres nobles Génois, I, 536. — Document analogue, I, 539.

Côte-d'Or. — Archives conservées dans le département, I, 92.

Coulommiers.—Abbaye de Sainte-Foy de Coulommiers. — Voir Sainte-Foy.

Crazannes (Chaudruc de). — Voir Chaudruc de Crazannes.

Crissé (Baron de). — Commission donnée au baron de Crissé par François Ier. II, B, 481.

Culnago (aujourd'hui Caulnai, près de Mairé), III, 423.

Curtil. — Vente d'un curtil situé près de Vienne (836), III, 427.

D

Delpit (Martial). — Premier rapport sur les documents historiques conservés dans le département de la Dordogne, I, 96. — Deuxième rapport, I, 110.

Delville. — Lettres sur des documents historiques trouvés en Espagne, I, 459.

Desroches. — Notice sur des manuscrits relatifs à l'histoire du département de la Manche qui existent à la bibliothèque d'Avranches et sur quelques autres dépôts publics du même département, I, 347.

Deville. — Notice de plusieurs documents historiques existant aux archives du département de la Seine-Inférieure, I, 412. — Notice sur les registres capitulaires de la cathédrale de Rouen, I, 417.

Dijon. — Sur un manuscrit de la bibliothèque de Dijon, I, 95. — Lettre du secrétaire du duc de Bourgogne Philippe le Bon aux maire et échevins de Dijon relative à un entremets (ou fête à table) donné par le duc à Lille (1453), IV, B, 457.

Dillon. — Éditeur d'une lettre de saint Louis à son frère Alfonse, comte de Poitiers, I, 646. — Éditeur d'une lettre d'Alfonse, comte de Toulouse, au sénéchal de Toulouse et d'Albi, I, 650. — Éditeur de la relation d'une entrevue entre les ambassadeurs du roi Philippe le Hardi et le pape Grégoire X, I, 652.

Diplômes de prévôt d'armes délivrés à Perpignan au XVIe siècle, IV, B, 359.

Dordogne. — Documents historiques existant dans le département, I, 96, 110.

D'Oria. — Voir Aurie.

Douai. — Église Saint-Amé, III, 441.

Doublet de Boisthibault. — Notice sur un manuscrit de la bibliothèque de Chartres, II, A, 38. — Communication d'une lettre de Charles IX au tuteur de la D^{lle} d'Antraines, III, 612. — Communication de documents relatifs aux objets laissés par Marie de Médicis à ses femmes de chambre au moment de sa mort, III, 636.

Doubs. — Archives du département, I, 125.

Dreux. — Charte de Louis VI en faveur des pauvres de Dreux (1132), IV, B, 302.

Drogon. — Charte de Drogon (974) pour l'abbaye de Saint-Maixent, I, 483.

Dromadaire amené d'Afrique à Paris en 1547, IV, B, 482.

Duel judiciaire (1134), II, B, 172.

Dusevel et Rigollot. — Rapport sur les archives et les bibliothèques de l'arrondissement d'Amiens, I, 430.

Dusevel. — Éditeur d'un document de 1261 : serment prêté par les bourgeois et l'Université de Paris, en présence du roi saint Louis, de maintenir la paix, II, B, 68. — Communication d'un document intitulé *Traittié encommenchié à Calais*, II, B, 187. — Communication des instructions de Louis Dauphin (Louis XI) à l'archevêque d'Embrun, II, B, 189. — Communication des instructions de Charles VII à Mgr de Torcy, II, B, 191. — Communication d'un document relatif aux états généraux de Tours, en 1484, II, B, 476. — Communication du rapport de Nicolas Fauvel et Jacques Groult, échevins d'Amiens, de leur députation à l'assemblée de Lyon, etc. II, B, 477.

Duvernois. — Rapport sur l'état des archives départementales du Doubs, suivi d'un résumé de l'inventaire des archives de Montbéliard, I, 125.

E

Édouard Ier, roi d'Angleterre, duc de Guyenne.—Transaction entre l'abbé de Saint-Pierre de Clairac et les habitants dudit lieu relative aux vins apportés de Bordeaux (1287; *vidimus* de 1361), II, B, 143.

Édouard III. — Charte d'Édouard III réunissant le territoire de Bordeaux à la couronne d'Angleterre (1342), II, B, 170.

Élisabeth, reine d'Espagne. — Deux lettres d'Élisabeth, IV, B, 377.

Elsi (Asinarius). — I, 486.

Emenon. — III, 421.

Emprunt forcé sur les gens d'église et habitants des villes du Limousin (vers 1471), I, 685. — Emprunt extraordinaire après la mort du duc Charles de Bourgogne (1476), I, 710.

Épernon (D'). — Récit de l'insulte faite au Parlement par M. d'Épernon, IV, B, 499.

Épinal. — Glossaire anglo-saxon de la bibliothèque d'Épinal, I, 447.

Esclaves français d'origine, III, 566.

Espagne. — Documents relatifs à l'histoire de France, trouvés en Espagne, I, 459.

États généraux de Tours en 1468; récit du temps, III, 494. — En 1484. Rapport de Jehan de Saint-Deliz du voyage faict devers le Roy, II, B, 476.

Eure-et-Loir. — Documents historiques existant dans le département, II, A, 38.

Expositio vocabulorum antiquorum de lingua saxonica, etc. (d'après une copie de Bréquigny), I, 667.

Extradition des criminels entre la France et l'Aragon, II, B, 178.

F

Fanjeaux (Aude). — Anciennes archives de Fanjeaux, I, 24.

Fauvel (Nicolas), échevin d'Amiens, II, B, 477.

Ferdinand le Catholique. — I, 460.

Fernel.—Renseignements relatifs à Agnès Sorel, I, 418. — Notice sur quelques manuscrits de la bibliothèque de Neufchâtel (Seine-Inférieure), I, 422.

Figeac. — Archives municipales de Figeac, I, 313; III, 55.

Filles de joie suivant la cour sous François Ier, IV, B, 479.

Florence. — Lettres de Charles VIII, Louis XII, la reine Anne et François Ier à la commune de Florence, I, 672. — Documents sur l'histoire de France existant à Florence, dans la bibliothèque Laurentienne, III, 307. — Dans la bibliothèque Magliabecchiana, III, 314. — Dans la bibliothèque Riccardi, III, 320.

DES DOCUMENTS INÉDITS. 31

Folligny (Manche). — Manuscrits conservés au presbytère de Folligny, I, 349.
Foppens (J. F.) — Lettre de Foppens à Jean Godefroy (1732), III, 94.
Formeville (H. de). — Rapport sur l'état des archives dans l'arrondissement de Lisieux, I, 53.
Fossa. — Communication d'un document de 801, III, 405.
Foucauld (De). — Agent du duc de Mayenne, II, B, 486.
Francfort. — Mission de Sleidan à Francfort au sujet des protestants de France (1546), IV, B, 480.
Franco (Obert). — Lettres par lesquelles Franco et d'autres Génois s'engagent à fournir un vaisseau à Louis IX (1268), I, 523.
François Iᵉʳ. — Ordres d'arrestation donnés par François Iᵉʳ, le 23 mars 1515, III, 514. — Commission du roi François Iᵉʳ au baron de Crissé, relative à la poursuite des vagabonds (1523), II, B, 481. — Lettres de François Iᵉʳ aux avoués et conseil de la ville et du canton de Berne (1526), IV, B, 387. — Lettre du roi François Iᵉʳ à la commune de Florence, I, 683. — Entrevue du pape Clément VII et de François Iᵉʳ, en 1533, III, 515. — Projet de traité entre ce pape et François Iᵉʳ; autographe de François Iᵉʳ en *fac-simile*, III, 517. — Lettre de François Iᵉʳ à Janus-Bey, drogman du Grand Seigneur en faveur de plusieurs esclaves français d'origine (1545), III, 566. — Quatre lettres de François Iᵉʳ à Henri d'Albret, III, 569. — Lettre de François Iᵉʳ à M. Mesnage, son ambassadeur, III, 604. — Ordre de François Iᵉʳ, de payer le compte mensuel des filles de joie suivant la cour, III, B, 479. — Ordre du roi François Iᵉʳ, concernant un dromadaire, un lion, etc. arrivés d'Afrique à Paris (1547), IV, B, 482.
Françoise, duchesse de Vendômois. — Lettre de cette princesse, IV, B, 379.
Frédéric II, roi de Prusse. — Lettre de Frédéric II au gouverneur de Montbéliard, après la bataille de Collin, en Bohême (1757), I, 199.
Frédol. — Diplôme de Frédol (814), III, 409.
Friardel (Calvados). — Documents relatifs au prieuré de Friardel, I, 67.
Fribourg. — Lettre de Louis XII à la ville de Fribourg, IV, B, 382.
Friry. — Lettre sur les archives de l'ancienne abbaye de Remiremont, I, 444. — Lettre sur un glossaire anglo-saxon, manuscrit de la bibliothèque d'Épinal, I, 447.
Frotfade, abbé de la Celle-Saint-Séverin en 899, I, 477.
Fulrade. — Charte de Fulrade pour le monastère de Saint-Martin de Tours (895), I, 475.

G

Gaillard de la Roque, abbé de Saint-Pierre de Clairac, II, B, 143.
Garde-Robe. — Détail d'une riche garde-robe du xvᵉ siècle (en Roussillon), IV, B, 314.
Garonne (Haute-). — Documents historiques existant dans le département, I, 146.
Gaujal (Baron de). — Notice et communication de documents concernant les

coutumes et priviléges des villes de l'ancien Rouergue, I, 455; II, A, 9; III, 1.

GÊNES. — Lettres de Louis IX à la République de Gênes touchant son expédition d'outre-mer, I, 518 et 528. — Lettres par lesquelles la république de Gênes s'engage à fournir deux vaisseaux à Louis IX (1268), I, 516. — Lettres de Charles VIII à la commune de Gênes, I, 670.

GEOFFROI, frère de Gui, vicomte de Limoges, III, 433.

GEOFFROI I ou Guillaume VI, duc de Guyenne. — Chartes pour l'abbaye de Montier-Neuf près Poitiers, I, 494; II, B, 1.

GEOFFROY III, sire de Joinville. — Épitaphe de Geoffroy III, composée par Jean son petit-fils, en 1311, I, 634.

GERRI. — Précepte de Charlemagne en faveur du monastère de Notre-Dame de Gerri, diocèse d'Urgel (814), III, 408.

GERS. — Documents historiques existant dans le département, I, 168; III, 39.

GIRARDOT (Baron DE). — Communication d'un mandement de Charles IX, III, 611. — Communication d'une lettre de Henri III à M. de Matignon au sujet du sieur de Bussy, III, 613. — Communication d'une lettre de Henri IV et d'autres, relatives à l'entreprise du comte d'Auvergne et du maréchal de Biron, III, 623. — Communication d'une lettre de Charles VIII (1492), IV, B, 347.

GIRBERGE, *Girberga*. — I, 483.

GIRONDE. — Documents historiques existant dans le département, I, 183.

GIVENCHY (DE). — Renseignements sur les archives de Saint-Omer, I, 397.

GLOSSAIRE anglo-saxon. — Notice d'un glossaire, manuscrit de la bibliothèque d'Épinal; lettre de M. Friry, I, 447. — Glossaire de quelques mots inusités qui se trouvent dans les anciennes chartes, I, 666. — Autre glossaire, I, 667.

GODEFROY (Denis). — Nommé garde des archives de la Chambre des comptes à Lille, III, 84. — Lettre de D. Godefroy (1679), III, 90.

GODEFROY (Denis-Joseph), nommé par le roi garde des archives de la Chambre des comptes à Lille (1760), III, 100. — Deux lettres de D. J. Godefroy à M. Moreau, historiographe de France (1783), III, 106, 108.

GODEFROY (J. B.). — Lettre de J. B. Godefroy à M. de Séchelles (1746), III, 97.

GODILUS. — III, 415.

GODOLEN, abbé de Nouaillé. — III, 421.

GONTBERT. — Cession de terres à Gontbert, I, 478

GORZE. — Cartulaire de l'abbaye de Gorze (notice et table des pièces), II, B, 121.

GOURDON. — Archives de Gourdon. III, 49.

GOUZOT. — Communique l'inventaire de Sarlat, I, 111.

GRAND'SELVE (Monastère de). — Pariage entre le roi Philippe le Hardi et le monastère de Grand'Selve (1279), IV. B, 306.

GRANVILLE (Jehan DE). III, 474.

GRÉGOIRE X. — I, 652.

GRÉGOIRE XIII. — Bulle d'absolution du crime d'hérésie, etc. donnée par le pape Grégoire XIII en faveur de Henri III, roi de Navarre (depuis Henri IV) (27 octobre 1572), I, 713.

GRENOBLE. — Manuscrits historiques de la bibliothèque de Grenoble, I, 238. — Cartulaires de saint Hugues de Grenoble, I, 262.

GNÈZE (Gustave-Bascle DE LA). — Rapport

sur les archives de Bagnères-de-Bigorre, III, 393. — Communication de lettres de François I", de Henri et de Jeanne de Navarre, de Catherine de Navarre, sœur de Henri IV, III, 569. — Communication de lettres diverses de Henri II de Navarre, de Henri II et de Henri III, rois de France, III, 588. — Notice sur l'état des archives des Basses-Pyrénées, IV, A, 15. — Communication de dix-sept lettres de diverses princesses d'Albret et de Navarre, IV, B, 370. — Communication de sept lettres de Louise de Savoie au roi de Navarre, au prince Charles de Navarre, aux élus du Limousin et au sieur d'Albret, IV, B, 401.

GRILLE, bibliothécaire d'Angers. — Communication d'un document relatif à François I", II, B, 481.

GROULT (Jacques), échevin d'Amiens, II, B, 477.

GUILLAUME (Sanche). — I, 486.

GUILLAUME VI, duc d'Aquitaine.—Chartes de Guillaume VI pour le monastère de Montier-Neuf, I, 494; II, B, 1.

GUILLAUME VII, duc d'Aquitaine.—Charte de Guillaume VII, en faveur de l'abbaye de Montier-Neuf (1107), II, B, 7.

GUILLAUME VIII, duc d'Aquitaine. — Charte de Guillaume VIII pour le couvent de Montier-Neuf (1129), II, B, 12. — Charte de Guillaume VIII pour l'église de Saint-Hilaire de la Celle (1130), II, B, 13.

GUILLEUZON. — Procuration donnée par Guilleuzon pour toucher 3,000 livres dues par Louis IX (1268), I, 546.

GUINEMAR. — III, 419.

GULFRADE. — Acte de vente faite par Gulfrade d'un alleu au diacre de Saint Pierre de Poitiers, II, B, 44.

GUY, vicomte de Limoges. — Donation faite par Guy à l'abbaye d'Uzerche pour le repos de l'âme de ses père, mère, etc. (vers 1036), III, 430.

GUYENNE. — Donation du duché de Guyenne à Édouard, fils de Henri III (1252), II, B, 49. — *Vidimus* de plusieurs actes relatifs à la restitution de la Guyenne au roi de France (1294), II, B, 149.

H

HANGEST (Jean DE), évêque de Noyon, IV, B, 368.

HARCOURT (Comte D'), II, B, 488.

HAYE-PAISNEL (LA). — Mention du cartulaire de l'Hôtel-Dieu de la Haye-Paisnel, I, 349.

HAYNIN (Jehan DE). — Mémoires de Haynin (1465), III, 313. — Extrait de ces mémoires relatif au comte de Charolais et à la bataille de Montlhéry (10 juillet 1465), III, 484.

HEIDELBERG. — Prise de Heidelberg par les Français en 1693, III, 649.

HENRI II, roi de France. — Lettre de Henri II au sultan (1551), III, 567. — Neuf lettres de Henri II à son oncle le roi de Navarre, III, 598. — Lettre de Henri II aux manants et habitants de Castel-Sarrasin, IV, B, 409.

HENRI III, roi de France. — Lettre de Henri III à son conseiller général des finances en Guyenne, ordonnant de saisir les gages du Parlement de Bordeaux, III, 603. — Lettre de Henri III à M. de Matignon au sujet du sieur de Bussy, III, 613.

HENRI IV, roi de France. — Voy. plus haut, p. 16. — Bulle d'absolution en faveur de Henri IV, I, 713. — Lettres patentes de 1601, nommant une commission pour examiner les propositions de Barthélemy de Laffemas, IV, B, XIII. — Ordonnance de 1602 reconstituant la même commission, IV, B, 1. — Lettres de Henri IV au sujet du comte d'Auvergne et du maréchal de Biron (1602), III, 623.

HENRI V, empereur d'Allemagne. — Diplôme de Henri V, pour l'abbaye de Saint-Arnoul (1116), II, B, 8.

HENRI III, roi d'Angleterre.—Charte fixant un terme au payement de la maltôte pour les villes de Bordeaux et Bayonne (1227), II, B, 46. — Lettres de Henri III, exemptant de tout service les habitants de Bordeaux hors de la seigneurie et du diocèse (1242), II, B, 47. — Charte de Henri III exemptant les bourgeois de Bordeaux de le suivre à la guerre hors du diocèse (1244), II, B, 48. — Lettres de Henri III portant donation du duché de Guyenne à son fils Édouard (1252), II, B, 49.

HENRI (II), roi de Navarre. — Lettres de Henri II (1546), III, 573. — Sept lettres de Henri II à son chancelier, III, 588.

HENRI, comte de Troyes. — Charte de Henri confirmant les priviléges du monastère de Sainte-Foy de Coulommiers (1152), II, B, 32. — Charte de Henri confirmant les priviléges du monastère de la Celle (1154), II, B, 35.—Charte de Henri accordant des franchises aux habitants de la ville d'Avize (1172), II, B, 39. — Charte de Henri pour l'église Sainte-Foy de Coulommiers (1174), II, B, 40.

HENRIETTE DE FRANCE. — Réception de Henriette de France par la ville d'Amiens (1625), III, 625.

HENRY. — Lettres sur l'état des archives dans le département des Pyrénées-Orientales, I, 400. — Communication de lettres patentes des rois de France et d'Aragon sur le fait de la piraterie, II, B, 174, 177. — Communication de lettres de Philippe VI concernant l'extradition des criminels entre la France et l'Aragon, II, B, 178. — Communication de documents relatifs au séjour de la flotte de Barberousse à Toulon, III, 518. — Communication de diplômes de prévôt d'armes délivrés à Perpignan au XVI° siècle, IV, B, 359.

HÉRAULT. — Documents historiques existant dans le département, I, 186.

HÉRICOURT (Servien d'). — Communication d'un document français de 1270, portant accord entre l'abbaye de Los et la ville de Béthune, III, 455.

HERSANDE. — II, B, 30.

HUBERT (Ucbertus), abbé de Nouaillé. — Plaid entre Pierre Samuel et Hubert, I, 484.

HUE, HUES ou HUET, vidame de Châlons.— Reconnaissance d'hommage de Huet à l'abbaye de Saint-Remi de Reims (1253), I, 357.—Lettres par lesquelles Hues renonce à un droit de gîte (1317), I, 358.

HUGUES (Le chevalier). — Acte de cession de son fief patrimonial en faveur du couvent de Saint-Maixent (1060), I, 489.

HUGUES BRUNO. — Charte de Hugues Bruno pour l'église Saint-Pierre de Poitiers (1144), II, B, 27.

HUGUES (SAINT-). — Cartulaire de Saint-Hugues de Grenoble, I, 262.

Hugues. — III, 427.
Humbaud d'Ury. — Charte de Humbaud d'Ury pour les moines de la Chapelaude (1068), I, 492. — Charte de Humbaud d'Ury (fils du précédent) pour les moines et les habitants de la Chapelaude (entre les années 1097 et 1108), I, 497.

I

Iéronyme ou Jéronyme de Ferrare, I, 675.
Ildebert, III, 424.
Ille-et-Vilaine. — Documents historiques existant dans le département, I, 190.
Indre. — Documents historiques existant dans le département, I, 211.
Innocent III. — Bulle inédite de 1198 en faveur de l'abbaye du Paraclet, I, 13.
Inquisition (Tribunal de l') à Avignon, III, 184.
Isère. — Documents historiques existant dans le département, I, 238.
Italie. — Documents relatifs à l'histoire de France existant dans les bibliothèques d'Italie (Notices et extraits par M. Paul Lacroix), III, 258.

J

Jacques, roi d'Aragon. — Ses menées, I, 650.
Jal (A.), éditeur des *Pacta Naulorum*, I, 507.
Janus. — Voir Jean II, roi de Chypre.
Jarnac. — Récit de la bataille de Jarnac (1569), IV, B, 483.
Jean-sans-Terre. — Lettres de Jean-sans-Terre par lesquelles il affranchit les bourgeois de Bordeaux de tout péage pour le transport de leurs vins (1213), II, B, 45.
Jean, sire de Joinville. — Voir Joinville (Jean, sire de).
Jean II, roi de Chypre. — Quête pour le rachat de Janus ou Jean II, prisonnier du soudan d'Égypte (1432), IV, B, 315.
Jeanne, reine de Navarre. — Lettres de Jeanne, reine de Navarre (1557-1562), III, 577.
Jérôme de Ferrare. — Lettre de Louis XII à la commune de Florence au sujet de la détention du dominicain Jérôme de Ferrare, qui fut brûlé vif (1500), I, 675.
Jeux, mystères, etc. exécutés à Béthune, IV, B, 320.
Joinville (Marne). — Cartulaires de l'église Saint-Laurent de Joinville, I, 623.
Joinville (Jean, sire de). — Documents inédits relatifs à Joinville, historien de saint Louis, recueillis et publiés par M. Champollion-Figeac, I, 615. — Lettres par lesquelles Louis IX donne à Joinville une rente annuelle de 200 liv. (1252), I, 620. — Obit de Joinville (1319), I, 621. — Lettres de Joinville au sujet de l'oratoire établi dans son château, I, 625. — Lettres sur le droit de faire chanter messe dans son château, I, 625. — Lettres par lesquelles Joinville déclare avoir mis en gage les ornements et reliques de sa chapelle chez les religieux de Saint-Lau-

rent (1277), I, 627. — Lettres par lesquelles Joinville reconnaît devoir un homme au chapitre de Saint-Laurent pour le service de l'église (1281), I, 628. — Épitaphe de Geoffroi III, sire de Joinville, composée par Jean, sire de Joinville, en 1311, I, 634. — Lettre de Jean, sire de Joinville au roi Louis le Hutin, au sujet de la guerre de Flandre (1315), I, 640. — Épitaphe latine de Jean, sire de Joinville, trouvée ou composée en 1629, I, 643.

JOINVILLE (Maison de). Documents sur les seigneurs de Joinville, I, 615. — Lettre de l'archiviste du château de Joinville, sur les archives de cette famille (1739). I, 637.

JOLIBOIS (Émile). — Communication et traduction d'une pièce relative à la sortie de France de Gaston d'Orléans, III, 635.

JUGEMENT par l'eau bouillante (1100 à 1107); charte-notice extraite du cartulaire de l'abbaye de Sainte-Marie de Saintes, II, B, 171.

JUMIÉGES. — Extrait de l'histoire de l'abbaye de Jumiéges, touchant la mort d'Agnès Sorel, I, 419. — Lettre de Marye, prieur de Jumiéges, au sujet d'Agnès Sorel (1778), I, 418.

K

KLUIT (Adrien). — Deux lettres de Kluit (Adrien) à D. J. Godefroy, III, 102, 105.

L

LACROIX (Paul). — Notices et extraits des manuscrits concernant l'histoire de France et la littérature française conservés dans les bibliothèques d'Italie, III, 258. — Communication d'un extrait des Mémoires de Jehan de Haynin, III, 484.

LAFFEMAS (Barthélemy DE). — Mémoires de l'ordre et establissement du commerce général des manufactures de France, IV, B, XIII.—Recueil présenté au roy de ce qui se passe en l'Assemblée du commerce au Palais, à Paris (1604), IV, B, 282.

LAGARDE. — Communication de documents relatifs aux droits sur les vins de Bordeaux (1287), II, B, 143.

LANDRI. — III, 403.

LAON. — Complot tendant à livrer Laon aux Bourguignons (1473), I, 694.

LAUGIER DE CHARTROUSE. — Notice sur quelques documents historiques tirés des archives de la ville d'Arles, I, 49.

LECTOURE. — Rapport sur des documents relatifs à la ville de Lectoure, III, 39. — Lettres du roi Charles VIII à la ville de Lectoure (1483 à 1498), III, 499. — Lettres de Marguerite, reine de Navarre, aux conseillers de Lectoure, IV, B, 406.

LEFÈVRE. — Communication d'une charte de Louis VI (1132), IV, B, 302.

LE GLAY. — Histoire et description des archives générales du département du Nord, à Lille, II, A, 44. — Analectes diplomatiques (même sujet).

III, 66. — Rapport annuel au préfet du Nord (extrait), année 1843-44, III, 134. — année 1844-45, III, 139. — année 1846-47, IV, A, 1. — Rapport au ministre de l'Instruction publique sur la section historique des Archives du Nord, année 1845, III, 145 ; — année 1846, III, 377. — Notice sur les Mémoriaux de Saint-Aubert à Cambrai, III, 383. — Communication d'un diplôme de Childebert III (706), III, 397. — Communication d'une bulle d'Alexandre II, concernant la collégiale de Saint-Pierre à Lille (1066), III, 439. — Communication d'un diplôme de Robert le Frison (1076), III, 441. — Communication de la charte de fondation d'Anchin, III, 447. — Communication d'un document relatif au repas d'Aïcourt, dû au chapitre de Saint-Amé de Douai, III, 457. — Communication d'une pièce concernant la comtesse de Savoie, soupçonnée d'avoir fait empoisonner son fils (1393), III, 474.

LEJEUNE. — Communication d'une charte de saint Louis concernant le fief de Loigny, III, 453. — Communication d'une charte du même, concernant le fief des Roches, III, 454.

LEMAISTRE. — Rapport sur les archives de l'ancienne abbaye de Savigny (Manche), I, 344.

LÉONARD DE VINCI. — Lettre de Louis XII à la commune de Florence au sujet de Léonard de Vinci (1511), I, 679.

LEONCEL (Abbaye de). — Acte d'Alphonse de Poitiers confirmant les priviléges de l'abbaye de Leoncel (mars 1257), I, 648. — Document analogue signé du roi Louis IX (février 1257), I, 649.

LIGUE. — Notice du manuscrit du sieur de Crevain relatif aux événements de la Ligue en Bretagne, I, 202.

LIMOUSIN. — Emprunt forcé sur les gens d'église et les habitants des villes du Limousin (vers 1471), I, 685.

LILLE. — Récit de la fête donnée à Lille en 1453 par Philippe le Bon, duc de Bourgogne, IV, B, 457.

LISBONNE. — Archives de Lisbonne, IV, A, 24.

LISIEUX. — État des archives dans l'arrondissement de Lisieux, I, 53. — Abbaye de Saint-Désir de Lisieux, I, 63.

LOIGNY, dans le pays chartrain. — Charte de saint Louis concernant le fief de Loigny (1248), III, 453.

LOIRE-INFÉRIEURE. — Documents historiques existant dans le département de la Loire-Inférieure, I, 298.

LORRIS (Gilles de), évêque DE Noyon. — Dépenses de l'hôtel de Gilles de Lorris en 1371 et 1373, III, 463.

Los ou Loos. — Accord entre l'abbaye de Los et la ville de Béthune (1270), III, 455.

LOT. — Documents historiques existant dans le département du Lot, I, 313 ; II, 49.

LOT-ET-GARONNE. — Documents historiques existant dans plusieurs villes du département de Lot-et-Garonne, I, 324.

LOUIS LE DÉBONNAIRE. — Notice d'un jugement des *Missi dominici* de Louis le Débonnaire (814), III, 413.

LOUIS VI. — Charte de Louis VI, roi de France, en faveur des pauvres de Dreux (1132), IV, B, 302.

LOUIS VII, roi de France. — Donation en faveur des Templiers (1136), II, B, 24.

LOUIS VIII. — Lettres par lesquelles le roi Louis VIII ordonne que la cité de Reims contribue aux dépenses du couronnement supportées par l'archevêque, I. 361.

Louis IX, ou saint Louis. — Lettre de Louis IX à la ville de Béziers pour lui demander foi et hommage (1226), III, 451. — Traités passés avec Louis IX pour l'affrétement de sa flotte (avant-dernière croisade) (1246), II, B, 50. — Charte de Louis IX concernant le fief de Loigny (1248), III, 453. — Lettre à son frère Alphonse de Poitiers sur son expédition outre-mer (1251), I, 646. — Don de 200 livres au sire de Joinville (1252), I, 620. — Acte de 1257 confirmant les privilèges de l'abbaye de Léoncel, I, 649. — Serments prêtés en sa présence par les bourgeois de l'Université de Paris (1261), II, B, 68. — Documents relatifs à l'affrétement de sa flotte, *pacta naulorum* (1268), I, 507. — Engagement pris par la ville de Gênes de lui fournir deux vaisseaux, I, 516. — Lettres à la république de Gênes accréditant ses commissaires pour traiter des vaisseaux à fournir (1268 et 1269), I, 518, 528, 556 et 564. — Lettres d'Obert Franco et autres s'engageant à fournir un vaisseau, I, 523. — Lettres de P. d'Oria concernant l'affrétement d'un vaisseau, I, 527. — Guido Corrigia et autres Génois reconnaissent avoir traité avec Louis IX pour la construction d'un navire, I, 536, 539 et 542. — Pièces de comptabilité concernant l'affrétement de la flotte fournie par les Génois, I, 542, 543, 546, 547 et 549. — Convention avec H. d'Oria pour la construction d'un salandrin (1269), I, 561. — Dépôt des couronnes du roi Louis IX dans le trésor de l'abbaye de Saint-Denis, II, B, 70.

Louis X, dit le Hutin. — Lettre de Louis X au sujet de la guerre de Flandre (1315), I, 640. — Lettre de Clémence, femme de Louis X, I, 356.

Louis XI. — Lettres de Louis XI, encore dauphin, donnant mission à Mathieu Thomassin de composer le registre delphinal (1456), I, 249. — Documents relatifs à la guerre du Bien Public sous Louis XI, B, 194 à 469.

Louis XII. — Lettres du roi Louis XII à la commune de Florence (1498 et 1500), I, 674. — Lettres de Louis XII aux avoyer, conseil et communauté de Berne, Fribourg et Soleure, IV, B, 382.

Louis XIII. — Lettre de Louis XIII aux maire et échevins d'Amiens, leur demandant de faire une réception royale à sa sœur Henriette de France, épouse de Charles I" d'Angleterre (1625), III, 626.

Louis XIV. — Lettres patentes de Louis XIV portant révocation des donations de biens faites par les vice-rois français en Catalogne (1654), III, 640. — Correspondance de Louis XIV avec Colbert et de Colbert avec le cardinal Mazarin concernant les affaires d'État de 1659 à 1674, II, B, 491 à 531. — Lettres de commission de garde des archives de la Chambre des comptes à Lille, données par Louis XIV à Denis Godefroy (1668), III, 84. — Cinq lettres au duc de La Feuillade (1693), III, 648. — Ordonnance relative au transfert d'une partie des archives de la Chambre des comptes de Metz, en celle de Lille (1698), III, 92.

Louise, duchesse de Valentinois. — Lettre de Louise de Valentinois, IV, B, 378.

Louise de Savoie, mère de François I". — Sept lettres de Louise de Savoie, IV, B, 401.

LOUVEMONT. — Extrait de l'accord fait entre Milon et l'abbé de Saint-Remi relativement à leurs droits respectifs sur Louvemont, I, 360.

LYON. — Lettre de Charles VIII aux gens des comptes à Paris relative à la fondation à Lyon, en 1492, d'une maison de l'ordre de Saint-François, IV, B, 347.

M

MACHIAVEL (Nicolas). — Mention de Machiavel dans une lettre de Louis XII à la commune de Florence, I, 678.

MADELEINE, princesse d'Albret. — Trois lettres de Madeleine, IV, B, 373.

MAGNAC (Estienne DE).—Charte d'Estienne de Magnac pour l'abbaye de Montier-Neuf (1106), II, B, 3.

MAHOMET IV. — Lettre de Mahomet IV à Louis XIV, IV, B, 506.

MAILLARD DE CHAMBURE. — Lettres sur quelques manuscrits de la bibliothèque de Sémur, I, 92. — Sur un manuscrit de la bibliothèque de Dijon, I, 95. — Rapport sur les archives de la bibliothèque d'Avallon, I, 451.

MAILLET. — Extraits de sa correspondance relative aux documents historiques conservés dans le département d'Ille-et-Vilaine, I, 190.

MAIRÉ EN POITOU. — Notice d'un plaid où l'avoué de l'abbaye de Saint-Junien de Mairé répète un serf qui voulait se soustraire à cette abbaye (815), III, 415.

MALONUS (Symon). — S'engage à fournir un vaisseau à Louis IX (1269), I, 547.

MANCHE. — Documents historiques existant dans le département de la Manche, I, 344.

MARCHAND. — Communication d'un document relatif à l'église Saint-Mesmin de Micy (x° siècle); observations, III, 430. — Communication de chartes concernant l'abbaye d'Uzerche, III, 433.

MARGUERITE, reine de France. — (1261), II, B, 68.

MARGUERITE, reine de Navarre.— Lettres de Marguerite, III, 574; IV, B, 406.

MARIE, comtesse de Troyes. — Charte pour la chapelle de Sainte-Foy de Coulommiers (1189), II, B, 42.

MARIE DE MÉDICIS. — Déclarations relatives aux objets laissés par Marie de Médicis à ses femmes de chambre au moment de sa mort (1642), III, 636.

MARIN (Jean). — I, 551.

MARINE. — Mémoires divers de Colbert concernant la marine, IV, B, 533, 545 et 553.

MARNE. — Archives du département de la Marne, I, 352. — Documents trouvés dans les archives du département des Ardennes, mais qui concernent les établissements religieux de l'ancien diocèse de Reims, département de la Marne, I, 376.

MARSAGLIA (LA). — Victoire de la Marsaglia en 1693, III, 651.

MARSEILLE. — Bibliothèque de Saint-Victor de Marseille, I, 657. — Archives municipales de Marseille, I, 26.

MARTEL (Lot). — Archives municipales de Martel, I, 318; III, 61.

MARVAUD. — Rapport sur les archives de la ville de Brive (extrait), III, 34. — Rapport sur les archives des villes de Gourdon, Figeac, Martel et Souillac, III, 49.

TABLE ALPHABÉTIQUE

MARYE, prieur de l'abbaye de Jumiéges. — Lettre de Marye au sujet d'Agnès Sorel (1778), I, 98.

MAS (Le). — Composition ou association entre les communes d'Agen et du Mas, I, 500.

MASCARO (Jacques). — Notice de son ouvrage manuscrit intitulé: *Lo libre de Memorias*, I, 186.

MAS LATRIE (DE). — Rapport sur les archives départementale de l'Ariége, I, 2. — Rapport sur diverses archives du département de l'Aude, I, 21. — Rapport sur l'état des archives publiques de Marseille, I, 26. — Rapport sur les archives de Toulouse, I, 146. — Communication du catalogue de Saint-Victor de Marseille, I, 657. — Notice de ce catalogue, I, 39. — Rapport sur les archives de la ville d'Orange, I, 716. — Rapport sur l'état des archives du département de Vaucluse, IV, A, 17.

MASQUE DE FER. — Documents relatifs au Masque de fer, III, 645.

MATIGNON (Sieur DE). — Lettre de Henri III, roi de France, au sieur de Matignon, au sujet du sieur de Bussy (1577), III, 613. — Articles de la trêve faite à Moissac, entre le sieur de Matignon, pour le roi, et le marquis de Villary, pour le duc de Mayenne (1592), III, 614.

MAULÉON (Èble DE). — Charte d'Èble de Mauléon pour le monastère de Vendôme (1145-1153), II, B, 26.

MAURE (*Maura*). — III, 405.

MAURES. — Traités passés entre les rois de Majorque, etc. et les rois Maures de Tunis et d'Alger, II, B, 71.

MAURIENNE. — Donation faite à l'évêché de Maurienne, en 886, III, 428.

MAXIMILIEN Ier, roi des Romains. — Lettre de Maximilien Ier à Charles VIII, concernant le sire et la dame de Beaujeu (1486), IV, B, 463. — Réponse de Charles VIII, IV, B, 467. — Réponse du Parlement de Paris, IV, B, 472. — Réponse de l'Université de Paris, IV, B, 475.

MAYENNE (Duc DE). — Menées du duc de Mayenne contre Henri IV, II, B, 486. — Trêve entre le roi et le duc de Mayenne (1592), III, 614.

MAZARIN. — Correspondance de Colbert avec le cardinal Mazarin, de 1659 à 1674, II, B, 491.

MEAUX. — Catalogue des manuscrits de la bibliothèque de Meaux, I, 424. — Mention du cartulaire de l'église de Meaux, I, 428.

MÉLICOCQ (DE LA FONS, baron DE). — Communication de documents de 1371, relatifs aux évêques de Noyon, III, 463. 468. — Communication de divers documents relatifs aux jeux de personnages, mystères, etc. exécutés à Béthune au xve et au xvie siècle, IV, B, 320. — Communication d'un document de 1532 (prise de possession de l'évêché de Noyon par Jean de Hangest), IV, B, 368.

MELLE (Deux-Sèvres). — Documents concernant le pays de Melle, I, 482; III, 401, 403 et 419.

MESNAGE, ambassadeur de François Ier, III, 604.

MÉTIVIER (J. J. DE). — Premier rapport sur des documents concernant la ville de Lectoure, III, 39. — Deuxième rapport, III, 44. — Communication de lettres de Charles VIII à la ville de Lectoure, III, 499. — Communication d'une trêve conclue entre M. de Matignon, pour le roi, et le marquis de Villary, pour le duc de Mayenne (1592), III,

614. — Communication de lettres de Marguerite de Navarre, IV, B, 406.

Micy (Église Saint-Mesmin de), III, 430.

Migné (Église de), *Ecclesia de Magnac* (Vienne). — Cession de cette église et de sa dîme au monastère de Montier-Neuf, I, 494.

Milan. — Documents sur l'histoire de France existant à Milan, dans la bibliothèque Ambroisienne, III, 332. — Dans la bibliothèque de Brera, III, 341.

Millau. — Serment des consuls de Millau, II, A, 27. — Priviléges accordés à la ville de Millau, en 1187, II, A, 21. — En 1229, II, A, 34. — En 1370, II, A, 30.

Milon, comte de Bar-sur-Seine. —Charte de Milon, accordant la main-morte à tous les habitants de Bar-sur-Seine (1198), II, B, 43.

Miracles de Notre-Dame de Chartres, poëme en langue romane; notice et extrait, II, A, 38.

Mirevail (Aude). — Anciennes archives de cette ville, I, 24.

Modène. — Documents sur l'histoire de France existant à Modène, dans la bibliothèque ducale, III, 306.

Molesmes (Jehan de), secrétaire du duc de Bourgogne, Philippe le Bon. — Lettre de Jehan de Molesmes à la ville de Dijon (1453), IV, B, 457.

Monfredus, III, 427.

Monmerqué (De). — Communication de deux lettres relatives au Masque de fer, III, 645.

Montaigne (Michel de). — Documents concernant Michel de Montaigne, maire de Bordeaux, II, B, 483.

Montbéliard. — Résumé de l'inventaire raisonné des archives du comté de Montbéliard, I, 134. — Lettre de Frédéric II, roi de Prusse, au gouverneur de Montbéliard, I, 199.

Montcuq. — Archives municipales de Montcuq, I, 316.

Montier-Neuf, près Poitiers. — Charte de Geoffroi I ou Guillaume VI, duc d'Aquitaine, pour l'abbaye de Montier-Neuf (1076 à 1087), II, B, 1. — Cession de l'église de Migné au monastère de Montier-Neuf (1080), I, 494. — Charte d'Estienne de Magnac pour l'abbaye de Montier-Neuf (1106), II, B, 3.—Charte de Guillaume VII, duc d'Aquitaine (1107), II, B, 7. — Charte de Guillaume VIII, duc d'Aquitaine (1129), II, B, 12. — Charte d'Aliénor (1152), II, B, 34.

Montlhéry. — Bataille de Montlhéry, III, 484.

Montrond (Maxime de). — Éditeur de lettres de Charles VIII, Louis XII et François Ier, aux communes de Gênes et de Florence, I, 670.

Moreau, historiographe de France. — Lettres de D. J. Godefroy à Moreau (1783), III, 106, 108.

Moreau. — Notice du cartulaire de Sainte-Marie de Saintes, I, 75.

Morellet.—Éditeur des documents XVII à XXI du premier volume.

N

Najac. — Coutumes accordées par Alphonse de France, comte de Rouergue aux habitants de Najac, en 1255, III, 27.

NAPLES. — Documents sur l'histoire de France existant à Naples, dans la bibliothèque royale, III, 290. — Dans les archives du royaume, III, 294.

NAUCIACUS, village nommé aujourd'hui Saint-Genard, III, 403, 419.

NEERWINDE. — Victoire de Neerwinde en 1693, III, 650.

NÉRAC. — Archives municipales de Nérac, I, 324.

NEUFCHÂTEL (Seine-Inférieure).—Manuscrits de la bibliothèque de Neufchâtel, I, 422.

NICOLAS V.—Bulle de Nicolas V à Jacques Cœur (1452), II, B, 470.

NICOLINUS. — Quittance de 2,380 livres tournois, délivrée à Louis IX par Nicolinus (1269), I, 542.

NOAILLÉ ou NOUAILLÉ (Vendée). — Documents concernant l'abbaye de Nouaillé, I, 484, III, 417, 421.

NORD. — Archives générales du département, II, A, 44; III, 66; IV, A, 1. — Documents relatifs à l'administration des anciennes archives de Flandre, III, 68. — Documents historiques divers existant dans le département, III, 377.

NOYON. — Documents relatifs aux évêques de Noyon, III, 463, 468; IV, B, 368.

O

OISE. — Documents historiques existant dans le département, IV, A, 7.

OLLIVIER (Jules). — Sur les principaux manuscrits historiques de la bibliothèque de Grenoble, I, 238. — Notice du *Mémorial* inédit d'Eustache Piémond, I, 258.—Notice des cartulaires de Saint-Hugues de Grenoble, I, 262. — Communication de deux documents concernant l'abbaye de Leoncel et signés l'un d'Alfonse de Poitiers, l'autre de saint Louis, I, 648 et 649. — Communication de lettres patentes de Charles VII portant une donation aux religieuses de Saint-Just, II, B, 184.

ORANGE. — Rapports de M. L. de Mas Latrie sur l'état des archives de la ville d'Orange, I, 716; IV, A, 17.

ORLÉANS (Gaston D'). — Lettre de l'archiduchesse d'Autriche, relative à la sortie de France de Gaston d'Orléans, (1632), III, 635.

P

PACTA NAULORUM. — Contrats d'affrétement de la flotte de saint Louis, des années 1246, 1248 et 1270. — Communication de vingt-sept documents (en langue latine) recueillis, publiés et annotés par M. A. Jal, I, 507.

PADOUE. — Documents sur l'histoire de France, conservés à Padoue, dans la bibliothèque de l'Université, III, 299.

PAIX conclue entre le pape et le roi de Naples; document relatif à la paix, en 1486, IV, B, 316.

PANZAN (Conrad). — I, 551.

PARACLET (Abbaye du). — Archives de l'abbaye du Paraclet, I, 4. — Charte par laquelle Thibault de Champagne confirme à l'abbaye du Paraclet divers droits concédés par Philippe Pollet, I,

7. — Marie de la Rouchefoucaud, abbesse du Paraclet, I, 11.

PARIS. — Serments prêtés par les bourgeois et l'Université de Paris, en présence du roi saint Louis, de maintenir la paix (1261), II, B, 68. — Observation sur la date de ce document, III, 11. — Réponse du Parlement de Paris aux réclamations de Maximilien Ier, touchant l'autorité des seigneur et dame de Beaujeu (1486), IV, B, 472. — Réponse de l'Université de Paris (même sujet), IV, B, 475. — Réponse des prévôt des marchands, échevins, etc. de Paris (même sujet), IV, B, 476.

PARIS (Paulin et Louis). — Rapport sur les archives du département de la Marne, I, 352.

PARLEMENT de Paris. — Réponse du Parlement de Paris aux réclamations de Maximilien Ier, IV, B, 472. — Insulte faite au Parlement de Paris par M. d'Épernon, IV, B, 499.

PARME. — Documents sur l'histoire de France existant à Parme, dans la bibliothèque ducale, III, 301.

PAS-DE-CALAIS. — Documents historiques concernant le département, I, 387.

PASSION de Notre-Seigneur Jésus-Christ, en langue romane et en vers, IV, B, 411.

PASSION de saint Léger, en langue romane et en vers, IV, B, 411, 446.

PAVIE (Théodore). — Rapport au ministre sur les documents intéressant l'histoire de France, conservés dans les archives Lisbonne, IV, A, 24.

PEDASIUS (Anthonius ou Antoninus). — Quittance délivrée par Pedasius, aux commissaires de Louis IX (1269), I, 543.

PÉPIN Ier. — Diplôme du roi Pépin Ier, pour la restauration de la discipline de l'abbaye de Nouaillé (827 ou 828), III, 417. — Précepte de Pépin Ier pour l'évêché d'Angers (837), III, 425.

PERPIGNAN. — Concile de Perpignan, IV, A, 22. — Quittance donnée à Perpignan en 1425, IV, B, 310. — Droit de vindicte concédé à la ville de Perpignan, par Charles-Quint, en 1519, IV, B, 366.

PHILIPPE LE HARDI, roi de France. — Relation d'une entrevue entre les ambassadeurs de Philippe le Hardi et le pape Grégoire X (1273), I, 652. — Pariage entre le roi Philippe le Hardi et le monastère de Grand'Selve (1279), IV, B, 306. — Extrait d'une chronique relative à la mort de Philippe le Hardi (1285), I, 416.

PHILIPPE LE BEL. — Lettres de Philippe le Bel, confirmant le maire et les jurats de Bordeaux dans les droits de haute et basse justice (1295), II, B, 158. — Lettres de Philippe le Bel accordant aux habitants de Bordeaux le pardon de leurs fautes (1308), II, B, 165.

PHILIPPE VI. — Lettres patentes de Philippe VI sur le fait de la piraterie, II, B, 177. — Lettres de Philippe VI concernant l'extradition des criminels entre la France et l'Aragon (1345), II, B, 178. — Deux lettres de Philippe VI au sujet de Calais, assiégé par Édouard III (1347), II, B, 181, 182.

PHILIPPE D'ORLÉANS, frère de Louis XIV. — Lettre de Philippe d'Orléans à Colbert (1670), II, B, 513.

PHILIPPE Ier, roi d'Espagne. — Lettres concernant l'inventaire des archives de Flandre (1506), III, 72.

PHILIPPE LE HARDI, duc de Bourgogne. — Commission de garde des archives de

Flandre, Artois, etc. donnée par Philippe le Hardi en 1399, III, 68.

PHILIPPE LE BON, duc de Bourgogne. — Fête donnée par Philippe le Bon à Lille, en 1453, IV, B, 457.

PIÉMOND (Eustache). — Notice d'un manuscrit de la Bibliothèque royale, contenant le « Mémorial de plusieurs choses advenues à cause des guerres civiles, par Eustache Piémond, » par M. Jules Ollivier, I, 258.

PIERRE SAMUEL. Voir SAMUEL.

PIERS. — Notice sur l'abbaye de Clairmarais et ses manuscrits, I, 387. — État des manuscrits de la bibliothèque de Saint-Omer qui concernent l'histoire de France, I, 394.

PIGAULT DE BEAUPRÉ. — Communication de documents relatifs au siège de Calais (1347), II, B, 181.

PIPER (Boniface), I, 559.

PIRATERIE. — Lettres patentes réciproques des rois de France et d'Aragon sur le fait de la piraterie (1332 et 1334). II, B, 174.

POITIERS. — Église Saint-Pierre de Poitiers, II, B, 27. — Archives de la ville de Poitiers, III, 230.

POLAIN. — Communication d'une relation du baptême du vicomte de Clermont et de Tonnerre, III, 606. — de cinq lettres de Louis XIV, relatives aux affaires militaires en 1693, III, 648.

POLLET (Philippe). — Droits concédés par Philippe Pollet à l'abbaye du Paraclet. I, 7.

PORET. — Note sur le dépôt de la chambre des comptes à Lille (1802), III, 115.

PORTALON (L. de). — Communication d'une lettre de Louis IX à la ville de Béziers, III, 451. — d'une lettre de la reine Blanche à la même ville, III, 452.

PRADES. — Franchises accordées à la ville de Prades (vers 1113), II, A, 10.

PROBST. — Communication de lettres de Louis XII aux villes de Berne, Fribourg et Soleure, IV, B, 382. — de lettres de François Ier à la ville et au canton de Berne, IV, B, 387.

PROTESTANTS. — Mission de Sleidan au sujet des protestants de France, en 1546. IV, B, 480.

PROVINS. — Libertés accordées et confirmées au chapitre de Provins par Richer, archiprêtre de Sens (entre 1062 et 1089), I, 490.

PYRÉNÉES (BASSES-). — Archives du département, IV, A, 15.

PYRÉNÉES (HAUTES-). — Documents historiques existant dans le département, III, 393.

PYRÉNÉES-ORIENTALES. — État des archives dans le département (rapports de M. Henry et de M. Renard de S. Malo), I, 400, III, 147.

Q

QUESNET (E.). — Communication d'un document (Réception faite à Henriette d'Angleterre par la ville d'Amiens), III, 625. — Rapport au préfet de l'Oise sur les anciennes archives judiciaires de Beauvais, IV, A, 7.

QUESTION ordinaire et question extraordinaire, à Avignon. Détails historiques. III, 191.

QUICHERAT (Jules). — Communication d'un document relatif à un emprunt forcé sur les gens d'église et habitants des villes du Limousin (vers 1471), I, 685. — d'un document intitulé : Complot tendant à livrer Laon aux Bourguignons (1473), I, 694. — d'une ordonnance de 1474 contre les concussionnaires, I, 706. — d'un document relatif à un emprunt extraordinaire après la mort du duc Charles de Bourgogne (1476), I, 710. — de 139 documents relatifs à la guerre du Bien Public, II, B, 294.

QUITTANCE au sujet d'une information contre des marins de Colliouvre, qui avaient pillé la châsse de saint Louis, lors de l'expédition d'Alphonse V contre Marseille (1425), IV, B, 310.

QUITTANCES relatives au secours en gendarmerie fourni à Charles VII par le roi d'Aragon (1427), IV, B, 311.

QUITTANCE donnée par des ménétriers, envoyés par Charles VII au roi d'Aragon, IV, B, 313.

R

RAIMOND, duc de Narbonne, I, 648.
RAINALD BERCHON, I, 487.
RAINAULD. — Charte pour l'abbaye de Saint-Maixent (1085), I, 496.
RAMNULFE, abbé de Saint-Maixent, I, 483.
RAMNULFE, avoué de l'abbaye de Maîré en Poitou, III, 415.
RAYNALDUS, III, 401.
REDET. — Rapport sur les archives de la ville de Poitiers, III, 230.
REDON. — Description du cartulaire de l'abbaye de Redon, I, 190.
REIMS. — Rapport sur le cartulaire de l'abbaye de Saint-Remi de Reims et autres documents concernant l'histoire de cette ville, I, 355. — Lettres par lesquelles Louis VIII ordonne que la cité de Reims contribue aux dépenses du couronnement supportées par l'archevêque, I, 361.
REINAUD. — Texte et traduction du traité conclu entre Jayme, roi de Majorque, et le roi de Maroc (1339), II, B, 118.
REMIREMONT. — Archives de l'ancienne abbaye de Remiremont, I, 444.
RENARD DE SAINT-MALO. — Notice sur quelques documents historiques du xve siècle, relatifs au département actuel des Pyrénées-Orientales, III, 147. — Communication de divers documents, datés de Perpignan, 1425, 1427, 1428, 1429 et 1432, IV, B, 310. — d'un document de 1519 (Concession du droit de vindicte faite par Charles-Quint aux villes de Perpignan et de Thuir), IV, B, 366.
RENNES. — Rapport sur trois dépôts d'archives de la ville de Rennes, I, 193.
RHÔNE. — Documents historiques concernant le département du Rhône, I, 409.
RICHARD Ier, roi d'Angleterre. — Lettre par lesquelles il exempte de tout droit le passage du pont à construire à Agen (1189), I, 499.
RICHARD, fils d'Aldasende, I, 477.
RICHER, archiprêtre de Sens. — Acte par lequel Richer confirme au chapitre de Provins les libertés que son prédécesseur avait déjà accordées audit chapitre (entre 1062 et 1089), I, 490.
RIGOLLOT, auteur d'un rapport avec M. Dusevel, I, 430.

TABLE ALPHABÉTIQUE

Robert, abbé de Saint-Martin de Tours. — Charte de Robert en faveur de Gontbert et autres, I, 478.

Robert le Frison. — Diplôme de Robert le Frison pour l'église Saint-Amé de Douai (1076), III, 441.

Roche de Glun (La). — Accord entre les habitants de la Roche de Glun et d'Alanson (Drôme) et leur seigneur (1513), IV, B, 348.

Rochefoucault (Marie de la), abbesse du Paraclet. — Formule d'obéissance au Saint-Siège que signa Marie de la Rochefoucault (1599), I, 11.

Roches (Les), dans le pays chartrain. — Charte de saint Louis, concernant le fief des Roches (1248), III, 454.

Rodez (Cité). — Privilèges accordés à la cité de Rodez par l'évêque P. H. la Treille (1218), III, 12. — Privilèges accordés par l'évêque Bertrand (1244), III, 13. — Autres privilèges (1250), III, 14. — Règlements donnés à la cité de Rodez par l'évêque P. de Pleine Chassaigne, en 1307, pour l'administration de la justice et de la police, III, 15.

Rodez (Bourg). — Confirmation des privilèges accordés au bourg de Rodez, II, A, 35. — Confirmation des privilèges du bourg de Rodez par Henri d'Albret, roi de Navarre, et Marguerite de Valois, III, 1.

Rome. — Documents relatifs à l'histoire de France conservés à Rome dans la bibliothèque de la reine Christine, III, 263.

Rouen. — Registres capitulaires de la cathédrale de Rouen, I, 417.

Rouergue. — Notice sur les franchises et privilèges des principales communautés du Rouergue, I, 455 ; II, A, 9 ; III, 1.

Roze (Catalogne). — Prise de Roze par les Français en 1693, III, 648.

S

Saint et Sainte. — Voir à la fin de la lettre S.

Saintes. — Cartulaire de Sainte-Marie de Saintes, I, 75. — Notice d'un jugement tirée de ce cartulaire, II, B, 171.

Samazeuilh (De). — Rapport sur les archives de plusieurs villes de Lot-et-Garonne, I, 324.

Samuel (Pierre). — Notice d'un plaid entre Pierre Samuel et Hubert, abbé de Nouaillé (1077 ou 1078), I, 484.

Sanche Guillaume, comte de Poitiers. — Donation en sa faveur du monastère de Saint-Sever, I, 486.

Sancius Bergonius. — Charte de Sancius Bergonius concédant à Sanche Guillaume, comte de Poitiers, tous ses droits sur le monastère de Saint-Sever (994), I, 486.

Sarlat (Dordogne). — Inventaire sommaire des archives municipales de Sarlat, I, 111. — Collection de pièces relatives à l'histoire de Sarlat, appartenant à l'abbé Audierne, I, 117.

Sauves (Viguerie de), *Vicaria Salvinsis* (Vienne). — Vente d'une vigne située dans cette viguerie (974), I, 483.

Savigny (Manche). — Archives de l'ancienne abbaye de Savigny, I, 344.

Savoie (Comtesse de), soupçonnée d'avoir fait empoisonner son fils (1393), III, 474.

Séchelles. — Lettre de J. B. Godefroy à M. de Séchelles (1746), III, 97.

SEIGNELAY (Marquis de). — Voir COLBERT fils.

SEINE-ET-MARNE. — Rapport sur les documents historiques existant dans le département de Seine-et-Marne (Bibliothèque de Meaux), I, 424.

SEINE-INFÉRIEURE. — Archives du département, par M. Deville, I, 412.

SÉMUR. — Sur quelques manuscrits de la bibliothèque de Sémur, I, 92.

SERGENT DU ROI. — Ordonnance du sénéchal de Gascogne relative au nombre et aux fonctions de sergent du roi (1317), II, B, 166.

SIMON, seigneur de Joinville. — Lettres par lesquelles Simon donne un droit de pêche à la maison de Clairvaux, I, 618.

SLEIDAN (J.). — Lettre de J. Sleidan au roi de Navarre touchant les affaires des protestants de France (1546), IV, B, 480.

SOLEURE. — Lettres de Louis XII à la ville de Soleure, IV, B, 382.

SOLIMAN-MUSTAPHA. — Pièces relatives à Soliman-Mustapha, envoyé du Grand-Seigneur à Louis XIV (1669), IV, B, 502.

SOMME. — Documents historiques existant dans le département de la Somme, I, 430.

SOREL (Agnès). — Voir AGNÈS SOREL.

SOUILLAC. — Archives de la ville de Souillac, III, 65.

SAINT-AFFRIQUE. — Coutumes accordées aux habitants de Saint-Affrique par Raymond VII, comte de Toulouse et de Rouergue, en 1238, III, 24.

SAINT-AMÉ. — Diplôme de 1076 en faveur de l'église Saint-Amé de Douai, III, 441. — Devis du repas d'Aicourt dû au chapitre de Saint-Amé de Douai (XIV° siècle), III, 457.

SAINT ANTONIN. — Franchises accordées à la ville de Saint-Antonin (de 1140 à 1144), II, A, 12.

SAINT-ARNOUL. — Diplôme de Henri V, empereur d'Allemagne, en faveur de l'abbaye de Saint-Arnoul (1107), II, B, 8.

SAINT-AUBERT. — Mémoriaux de l'abbaye de Saint-Aubert à Cambrai, III, 383.

SAINT-AUBIN-DU-CORMIER. — Description d'un manuscrit contenant l'histoire de Saint-Aubin-du-Cormier, I, 198.

SAINTE-BARBE-EN-AUGE. — Documents relatifs au prieuré de Sainte-Barbe-en-Auge, I, 66.

SAINT-BERTIN. — Cartulaire de l'abbaye de Saint-Bertin, I, 396.

SAINT-DENIS. — Lettre de l'abbé de Saint-Denis, relative au dépôt des couronnes du roi dans le trésor de l'abbaye (1270), II, B, 70.

SAINT-DÉSIR DE LISIEUX. — Documents relatifs à l'abbaye de Saint-Désir, I, 63.

SAINTE-FOY DE COULOMMIERS. — Charte de la comtesse Adèle en faveur de l'abbaye de Sainte-Foy de Coulommiers (1107), II, B, 5. — Confirmation de cette charte par Thibault, comte de Blois (1132), II, B, 14. — Confirmation de ces chartes par Henri, comte de Troyes (1152), II, B, 32. — Charte de Henri, comte de Troyes (1174), II, B, 40. — Charte de Marie, comtesse de Troyes (1189), II, B, 42.

SAINT-FRANÇOIS. — Fondation d'une maison de l'ordre de Saint-François à Lyon, en 1492, IV, B, 347.

SAINT-GENARD, l'ancien *Nauciacus*. — III, 419.

SAINT-HILAIRE DE LA CELLE. — Charte de Guillaume VIII en faveur de l'église de

Saint-Hilaire de la Celle (1130), II, B, 13.

Saint-Himer (Calvados). — Documents relatifs au prieuré de Saint-Himer, I, 68.

Saint-Junien, voir Maîré, Noaillé.

Saint-Just — Donation faite par Charles VII en faveur des religieuses de l'abbaye de Saint-Just (1376), II, B, 184.

Saint-Laurent de Joinville. — Cartulaires de l'église collégiale de Saint-Laurent de Joinville (notice et extraits), I, 623. — Pour le détail des extraits, voir l'article Joinville (Jean, sire de).

Saint-Maixent (Deux-Sèvres).— Donation en faveur de l'abbaye de Saint-Maixent d'une terre située à Chalais, etc. I, 482. — Ramnulfe, abbé de Saint-Maixent. I, 483. — Cession, en faveur de ce monastère, d'une partie de l'aleu de Torigny, I, 483. — Cession, par le chevalier Hugues, de son fief patrimonial, I. 489.—Cession de la prévôté de Vouillé-les-Marais, I, 496. — Notice d'une transaction avec nantissement, entre l'abbé de Saint-Maixent et un particulier nommé Aimeric (1182), II, B, 41.

Sainte-Marguerite (Îles) — Détails sur les prisonniers des îles Sainte-Marguerite (1688-1696), III, 645.

Sainte-Marie de Saintes. — Notice du cartulaire de cette abbaye, I, 75. — Jugement pour cette abbaye, II, B, 171.

Saint-Mars, gouverneur des îles Sainte-Marguerite. — Lettres de Saint-Mars à Louvois, III, 645.

Saint-Martin de Tours (Monastère de). — Charte de donation de Fulrade en sa faveur, I, 475. — Charte de Robert, abbé de Saint-Martin de Tours, en faveur de Gontbert et autres, I, 478.

Saint-Maximin, ou Saint-Mesmin de Micy. — Donation de Walter à l'église de Saint-Maximin (956 à 972), III, 430.

Saint-Mont. — Les deux cartulaires du monastère de Saint-Mont, I, 168. — Lettre de M. Guizot, ministre, et réponse de M. Champollion-Figeac, au sujet de ces cartulaires, I, 181.

Saint-Omer. — Manuscrits de la bibliothèque de Saint-Omer qui concernent l'histoire de France, I, 394. — Archives de Saint-Omer, I, 397.

Saint-Paul. — Lettres de Charles VIII au sieur de Saint-Paul, à Sczeranelle (1496), I, 671.

Saint-Pétersbourg. — Manuscrits concernant l'histoire de France conservés à la bibliothèque impériale de Saint-Pétersbourg, I, 462.

Saint-Pierre.—Collégiale de Saint-Pierre à Lille, III, 439.

Saint-Pierre de Clairac, II, B, 143.

Saint-Pierre de Poitiers. — Charte de Hugues Bruno pour l'église Saint-Pierre (1144), II, B, 27. — Charte de Gulfrade pour cette église, II, B, 44.

Saint-Pierre-sur-Dive (Calvados). — Documents relatifs à l'abbaye de Saint-Pierre-sur-Dive, I, 64.

Saint-Quentin. — Archives de la ville. II, A, 1.

Saint-Remi de Reims. — Cartulaire de Saint-Remi de Reims, I, 355.— Lettre de la reine Clémence à l'abbé de Saint-Remi de Reims, I, 356. — Lettres par lesquelles le doyen du chapitre de Saint-Remi de Reims déclare que le sceau du couvent sera remplacé, I, 357. — Acte par lequel Huet, vidame de Châlons, reconnaît avoir fait hommage à l'abbaye de Saint-Remi de Reims (1253), I, 357. — Lettres par lesquelles

Huet, vidame de Châlons, renonce au droit de gîte dans la maison de Vraux, appartenant à l'abbaye de Saint-Remi de Reims (1317), I, 358.

Saint-Sauveur.—Lettres de B. Piper relatives au nolis du *Saint-Sauveur* (1269), I, 559.

Saint-Sever (Monastère de), *Monasterium Sancti Severi* (Vienne). — Donation de ce monastère, 1, 486.

Saint-Victor de Marseille. — Catalogue des ouvrages composant la bibliothèque de l'abbaye de Saint-Victor au XIIe siècle, I, 657.

T

Templiers. — Donation de Louis VII en faveur des Templiers (1136), II, B, 24.

Terron (De). — Lettres de Colbert à M. de Terron (1670), IV, B, 514. — Mémoire de Colbert à M. de Terron, concernant la marine (1671), IV, B, 533.

Thé (Vente du), de 1692 à 1753. — IV, B, 560.

Thibauld, comte de Blois. — Charte de Thibauld en faveur de l'abbaye de Sainte-Foy de Coulommiers (1132), II, B, 14.

Thibault IV, comte de Champagne. — Lettres de Thibault IV accordant à Simon de Joinville l'hérédité de la sénéchaussée de Champagne, I, 618. — Lettres de rénovation de sceau de ces lettres, I, 619. — Lettres confirmant à l'abbaye du Paraclet divers droits concédés par Philippe Pollet, I, 7. — Enquête sur le droit de gîte à Avenay, revendiqué par Thibault IV, I, 370.

Thibault V, comte de Champagne. — Charte de Thibault V, confirmant les lettres de son père en faveur de l'abbaye d'Argensolles, I, 355.

Thomassin (Mathieu). — Lettres par lesquelles Louis XI, encore dauphin, donne à Mathieu Thomassin mission de composer le registre delphinal, I, 249.

Thuir (Pyrénées-Orientales). — IV. B, 366.

Tilliolum. — III, 401.

Torigny (Deux-Sèvres). — Cession d'une partie de l'aleu de Torigny en faveur du monastère de Saint-Maixent, I, 487.

Toulon. — Séjour de la flotte de Barberousse à Toulon en 1543-44, III, 518.

Toulouse. — Archives de Toulouse, I, 146.

Tours. — Monastère de Saint-Martin de Tours, I, 475, 478. — États généraux tenus à Tours en 1468, III, 494.

Trouvères. — Poésies des trouvères conservées en Italie, III, 287.

Turin. — Documents sur l'histoire de France existant à Turin, dans la bibliothèque royale, III, 321.

U

Université de Paris. — Réponse de l'Université aux réclamations de Maximilien Ier (1486), IV, B, 475.

Urraque, *Uraca*. — Femme de Sanche Guillaume, comte de Poitiers, I, 486.

Uzerche (Abbaye d'). — Donation faite à l'abbaye d'Uzerche en 1036 (avec fac-simile), III, 433. — Notices d'autres pièces concernant la même abbaye, III, 438.

V

VAGABONDS. — Commission de François Ier au baron de Crissé relative à la poursuite des vagabonds, II, B, 481.

VALENCIENNES. — Règle de l'Institut des béguines de Valenciennes (1262), IV, B, 303.

VALLESPIR.—Vente d'un terrain à l'abbaye de Vallespir, aujourd'hui Arles, III, 405.

VAUCLUSE. — Documents historiques divers concernant le département, I, 716; III, 152. — État des archives dans le département, II, A, 112; IV, A, 17.

VENDÔME. — Charte d'Èble de Mauléon en faveur de l'abbaye de Vendôme (1145-1153), II, B, 26.

VENISE. — Documents sur l'histoire de France existant à Venise dans la bibliothèque de Saint-Marc, III, 345.

VENTE du café, thé, sorbet et chocolat à Paris et dans le royaume; édits et ordonnances concernant cette vente, de 1692 à 1753, IV, B, 560.

VERNEUIL (Marquise DE). — Estat des dons et brevets, etc.; estat concernant ceux que la dame de Verneuil rendra, IV, B, 496.

VICOGNE. — Observations d'un abbé de Vicogne sur la charte de fondation de l'abbaye d'Anchin (XIVᵉ siècle), III, 447.

VIEFVILLE (Cécile DE), IV, B, 479.

VIENNE (Isère). — Acte de vente d'un curtil situé près de Vienne (836), III, 427.

VIENNE. — Documents historiques existant dans le département, III, 280.

VIENNE (HAUTE-). — Communication de deux documents (charte du XIᵉ siècle et fragment d'un livre terrier), intéressant l'histoire du département, I, 442.

VILLEGILLE (A. DE LA). — Rapport sur les archives existant dans le département de l'Indre, I, 211.

VILLENEUVE-SUR-LOT. — Déclaration des consul, jurats et habitants de Villeneuve-sur-Lot, contre Henri IV (1589), II, B, 486. — Document relatif au siége de Villeneuve-sur-Lot en 1652, II, B, 488.

VILZIAC (Vienne). — Don de quelques terres situées dans cette localité (955), I, 481.

VINCI (Léonard DE). — Voir LÉONARD.

VINDICTE. — Droit de vindicte ou de main armée, IV, B, 366.

VITALIS (Olivier). — Communication d'une charte de 886, en faveur de l'évêché de Maurienne, III, 428.

VOSGES.—Documents historiques existant dans le département, I, 444.

VOUILLÉ-LES-MARAIS. — Donation de cette prévôté à l'abbaye de Saint-Maixent, I, 496.

W

WALARADUS, III, 413.

WALTER, III, 430.

Y

YONNE. — Documents historiques existant dans le département, I, 451.

YSENGARDE, Vente d'un domaine faite par Ysengarde à Guinemar, III, 419.

www.ingramcontent.com/pod-product-compliance
Lightning Source LLC
LaVergne TN
LVHW051515090426
835512LV00010B/2543